coleção primeiros passos 48

Ruy Moreira

O QUE É GEOGRAFIA

editora brasiliense
São Paulo - 2014

Copyright © by Ruy Moreira, 2010
Nenhuma parte desta publicação pode ser gravada,
armazenada em sistemas eletrônicos, fotocopiada,
reproduzida por meios mecânicos ou outros quaisquer
sem autorização prévia do editor.

2ª edição, 2010

3ª reimpressão, 2014

Diretora Editorial: *Maria Teresa B. de Lima*
Editor: *Max Welcman*
Imagem da capa: *Mapa-múndi de 1581, feito por Heinrich Bünting
(Magdebur, Alemanha)*
Preparação de texto: *Ricardo Miyake*
Revisão: *Nydia Lícia Ghilardi*

**Dados Internacionais de Catalogação na Publicação (CIP)
(Câmara Brasileira do Livro, SP, Brasil)**

Moreira, Ruy
    O que é geografia / Ruy Moreira. -- 2ª reimp. da 2. ed.
São Paulo : Brasiliense, 2012. -- (Coleção
Primeiros Passos ; 48)

    ISBN 978-85-11-00151-8

1. Geografia I. Título. II. Série.

09-11774   CDD-910

Índices para catálogo sistemático:
1. Geografia   910

editora brasiliense ltda
Rua Antônio de Barros, 1839 – Tatuapé
Cep 03401-001 – São Paulo – SP
www.editorabrasiliense.com.br

SUMÁRIO

Prefácio a esta segunda edição 7
I. A geografia moderna 10
II. A epistemologia 44
III. A geografia dos homens concretos 60
IV. História e natureza: a base da geografia 63
V. O espaço do capital 77
VI. A geografia: o que é, para que serve e a quem serve . . . 87
Indicações para leitura 93
Sobre o autor 95

*Aos que sonham,
porque é no sonho
onde mora o real
mais profundo.*

PREFÁCIO A ESTA SEGUNDA EDIÇÃO

A primeira versão deste pequeno livro é de 1980. Desde então importantes mudanças se operaram na realidade do mundo que nos circunda e na sua forma de compreensão pela geografia, mudando a própria concepção desta ciência. Mais que urgia uma revisão.

Esta segunda versão difere substancialmente da anterior. A primeira metade foi inteiramente reescrita. Mantivemos seu cunho de um breve resumo histórico do pensamento geográfico, bem como a parte de crítica epistemológica que lhe segue, acrescentando elementos novos. A segunda metade, porém, foi pouco alterada, exceto aqui e ali para uma maior clareza de redação. Também atualizamos a indicação bibliográfica.

O espírito do livro, no entanto, é o mesmo, seu formato de síntese e seu propósito de mostrar a geografia como uma forma particular de conhecimento, nem por isso descolada dos sonhos dos homens de viver numa sociedade mais igual e humanamente justa, como o pensamos e redigimos nos idos de 1980.

UMA DEFINIÇÃO

Estrabão (64 a.C.-24 d.C.), o criador da geografia, dizia de sua criatura que "a geografia familiariza-nos com os ocupantes da terra e dos oceanos, com a vegetação, os frutos e peculiaridades dos vários quadrantes da Terra; e o homem que a cultiva é um homem profundamente interessado no grande problema da vida e da felicidade". Nessa exegese, Estrabão faz a lista do sentido e dos entes da realidade que formam o âmbito, os temas e a natureza do envolvimento da geografia desde sua criação no século I. A identidade da ciência e os elementos de essência de sua sabedoria aí estão numa impressionante invariabilidade do que é a geografia até hoje.

O homem, a terra, a vida e a felicidade, as relações que os enlaçam na totalidade dos modos de vida variáveis no espaço e no tempo é o que de Estrabão até hoje definem a geografia e seu modo de envolvimento. Todavia, nem sempre teve ela um compromisso com "o grande problema da vida e da felicidade", por conta dos percalços da história que fizeram da vida e da felicidade um grande problema. Uma geografia do homem sempre se defrontou nessa história com uma geografia oficial, uma geografia situada muito próxima da ideologia e feita e praticada não para, mas contra a realização da vida e da felicidade como uma realização humana.

História da geografia, esta tem sido uma história dos geógrafos. Há os que a fizeram e fazem no rumo da vida e da felicidade do homem. E há os que a fazem deslocando-a na direção da vida e da felicidade dos que o dominam. É sobretudo na história recente da humanidade que esse antagonismo mais fortemente aparece.

A GEOGRAFIA MODERNA

A geografia que hoje conhecemos tem suas origens no século XIX. Em sua florescência e desenvolvimento concorrem duas grandes filiações, as sociedades de geografia e as universidades. A geografia que se produz em uma e outra dessas instituições é diferente, só aqui e ali se entrecruzando. A que se produz nas sociedades de geografia é um conhecimento de tudo que se refere a povos e territórios dos diferentes cantos do mundo, reunindo as sociedades viajantes, naturalistas, militares e cientistas de várias procedências acadêmicas. A que se produz nas universidades tem um cunho especificamente científico e reúne professores e pesquisadores formados e dedicados ao desenvolvimento e atualização das teorias e métodos científicos que dão embasamento à ciência geográfica. Assim, as sociedades de geografia atendem ao público mais amplo em seu desejo de conhecimento dos povos e lugares, enquanto as universidades atendem aos propósitos de formação acadêmica dos que vão ter na geografia sua área e campo de atuação mais específico. Durante o correr da primeira metade do século XIX essas duas instituições correm lado a lado, distanciando-se para separar-se em campos distintos na segunda metade. Todavia, paralela a essas duas corre a instituição anunciada por Estrabão.

AS SOCIEDADES DE GEOGRAFIA

As décadas finais do século XIX marcam a passagem do capitalismo à sua fase superior: o imperialismo. E o nascimento do imperialismo traduzir-se-á, no plano da política internacional, como uma intensa luta entre as potências imperialistas pela divisão dos continentes em zonas de influência.

Dessa forma, a entrada do capitalismo em nova fase trará profundas transformações geográficas, no plano da realidade e, consequentemente, no plano do saber. Exemplo disso será a Conferência Internacional de Geografia, de 1876.

De olhos voltados para a bacia do Congo, o rei belga Leopoldo II, monarca e ledor assíduo dos relatos de expedições científicas, convoca, em 1876, uma reunião de geógrafos, a Conferência Internacional de Geografia. Realizada em Bruxelas e sob sua presidência, a ela compareceram sociedades geográficas de vários países, além de diplomatas e exploradores famosos. A Conferência de Bruxelas teve por objetivo, traçado pelo próprio Leopoldo II em seu discurso de inauguração solene, a tarefa de debruçar-se sobre o continente africano, com o intuito de "abrir à civilização a única parte de nosso globo em que ela não havia ainda penetrado... conferenciar para acertar o passo, combinar esforços, tirar partido de todos os recursos, de evitar a duplicação de trabalho".

A Conferência de Bruxelas revelará o papel que estivera reservado às sociedades de geografia, e as razões por que com elas se tornara um saber de grande prestígio junto às populações e governos. Por isso, não deixará de ser outro o desdobramento da reunião internacional dessas sociedades: a criação da Associação Internacional Africana (AIA), entidade que, pouco mais tarde, transformar-se-á na Associação Internacional do Congo (AIC).

Com o concurso das sociedades de geografia empreender-se-á, assim, o avanço imperialista sobre a África, Ásia e Oceania, bem como a América Latina, esta já submetida à dominação colonial desde o século XVI.

Assim, a AIA sairá da Conferência de Bruxelas completamente equipada para ocupar sua função: orientar com a ajuda da ciência oficial das sociedades de geografia as expedições que abrirão as portas da África à dominação. Para tanto, é dotada de todo um aparato. A AIA organiza-se a partir de comissões nacionais, coordenadas pelo Comitê de Altos Estudos do Congo, composto por membros, em número de dois para cada comissão nacional, indicados anualmente por elas. Seu presidente é o próprio Leopoldo II. Às comissões nacionais caberá criar e prover de fundos e todos os recursos necessários bases de operações, a serem localizadas ao longo de posições estratégicas da costa e interioranas, em especial na embocadura do rio

O que é geografia

Congo. Cada base de operação será dotada de postos hospitalares, científicos e diplomáticos. Ao comitê caberá dirigir os trabalhos e gerenciar os fundos comuns. Um estatuto, redigido para os fins orgânicos acima, prevê a fundação de duas sociedades: uma de comércio e outra de transportes. A articulação entre cientistas e exploradores compõe a espinha dorsal dos trabalhos: os exploradores levantando informações e esboçando seu mapeamento, que os cientistas (vinculados às sociedades de geografia, sobretudo) incumbir-se-ão de sistematizar, catalogar, inferir e dar tratamento científico e cartográfico final produzindo base material de apoio para ações orientadas e novas e mais profundas incursões exploratórias.

Em 1877, a AIA, já transformada em AIC, conta com dezoito comissões nacionais, entre elas a dos Estados Unidos, número em progressão. Une-as a bandeira da associação: uma estrela de ouro sobre fundo azul.

A escalada imperialista não poderia ser mais bem organizada. Assim como o capital introduzira a ciência nos processos produtivos, na produção industrial em particular, incorpora-a agora também institucionalmente aos seus projetos de espoliação territorial em escala mundial.

A Conferência de Bruxelas combina a ação conjunta das potências imperialistas, mas a unidade mal conseguirá esconder as contradições, que afloram sobretudo no momento da delimitação da partilha dos domínios de território. A iniciativa de Leopoldo II só aguçará essas contradições. Instigados pelas associações científicas e pelos capitalistas, proliferam as expedições destinadas ao reconhecimento e mapeamento do terreno, fixação de primazias e estabelecimento de relações diplomáticas e mercantis com os povos africanos e asiáticos. Diante disso, a Conferência de Bruxelas precipitará a história e desaguará em nova reunião internacional: a Conferência de Berlim.

A Conferência de Berlim destinar-se-á a uma apara das arestas e à institucionalização da política de áreas de influência. Será organizada sob os auspícios do governo alemão, até então ausente da escalada internacional por força de problemas de unidade territorial nacional, só resolvidos em 1870, com a guerra franco-prussiana, e realizar-se-á arrastadamente de 15 de novembro de 1884 a 26 de fevereiro de 1885. Dela participarão os mesmos integrantes da Conferência de Bruxelas, mas reinarão os diplomatas das potências imperialistas maiores, principalmente da Alemanha, da Bélgica, da França, da Inglaterra e dos Estados Unidos. Otto von Bismarck, chanceler alemão, cujo governo pelo qual a Alemanha se unifica e é movida tenaz repressão ao movimento socialista e operário articulado à II Internacional dos Trabalhadores, presidirá a Conferência Internacional de Berlim, sentado à cabeceira de uma mesa de ferro perto da qual, sobranceiro, aparece em destaque um enorme mapa da África.

Será a tentativa de resolução à mesa das conversações daquilo que terão de tentar resolver pela guerra poucas décadas após. Sessões plenárias e comissões restritas preparam relatórios sobre os pontos de maior desentendimento. As contradições, todavia, já apontam para a guerra de 1914-1918.

As sociedades de geografia são instituições que surgem nas primeiras décadas do século XIX, evoluindo entre 1820 e 1920 em duas distintas fases: a que vai de 1820 a 1870, marcada pelas atividades de viajantes e naturalistas em busca de levantar e cartografar informações das regiões do mundo até pouco tempo desconhecidas ou mal conhecidas pelos europeus, e a que vai de 1870 a 1920, definida pelo intuito de incorporar os conhecimentos acumulados e articulá-los num formato de tratamento metódico e analítico de cunho dominantemente de conquista, a partir da qual as atividades das sociedades e os interesses de dominação imperialistas se encontram na Conferência Internacional de 1876.

As primeiras sociedades de geografia têm sua fundação na primeira metade do século XIX: a Sociedade Geográfica de Paris é fundada em 1821, a Sociedade de Geografia de Berlim em 1828, a Real Sociedade de Geografia de Londres em 1830 (mas seu embrião é a African Association for Promoting the Discovery of the Interior Parts of África, criada em 1788) e a Sociedade Geográfica Russa de São Petersburgo em 1845. Daí para a frente sua distribuição geográfica e seu número se ampliam, muitas sociedades começam a surgir em diferentes localidades de um mesmo país. Destacam-se a Sociedade Americana de Geografia de Nova York, fundada em 1852, a Sociedade Geográfica de Genebra, em 1858, e a Sociedade Geográfica de Madri, em 1876. Seu auge se dá entre 1821 e 1870, embora com pico numérico entre 1890 e 1920, quando então decaem em importância.

Essas sociedades respondem por uma intensa atividade em que se inclui o financiamento de viagens e divulgação de pesquisa de naturalistas em suas excursões pelo mundo, às vezes com recursos próprios, realização de eventos em que viajantes e naturalistas apresentam, debatem e tornam públicos seus conhecimentos, publicação de revistas por meio das quais esses conhecimentos se disseminam além-fronteiras, congraçando os homens de ciência e cumprindo o papel de estimular as atividades que vão originar muitas das descobertas científicas, tornando-se uma característica do século XIX. À exceção das sociedades russas de geografia, financiadas pelo Estado, em sua generalidade essas sociedades vivem das cotas de seus associados, dentre eles comerciantes interessados nas possibilidades de ampliação de mercado que possam vir das descobertas geográficas e os próprios viajantes e naturalistas interessados em ter onde intercambiar suas ideias.

O grande acervo de conhecimentos que, por volta de 1870, se acumula nessas sociedades leva-as a despertar o lado comercial e militar de seus componentes, marcando uma passagem à segunda fase, quando muitas delas vão se desdobrar em sociedades de geografia comercial, quando não se criam internamente comissões destinadas a esse fim, inaugurando o período de forte vínculo com o projeto colonialista dos respectivos Estados nacionais. Um forte redirecionamento se dá, então, na forma e propósitos das incursões e pesquisas geográficas que elas estimulam, agora com o intuito de fornecer a base cartográfica e de conhecimento aos projetos de conquista de territórios de seus Estados.

A Real Sociedade Geográfica Britânica serve de exemplo. Criada em 1830, desde então se orienta por atividades voltadas para o fim da qualificação de exploradores de áreas dos continentes para as quais a comunidade científica e o governo mostram interesse, daí brotando inúmeras incursões exploratórias que levantam informações e preparam relatórios sobre hidrografia, correntes atmosféricas, formas de cultura que, levadas à Real Sociedade, estimulam novas incursões e novos territórios, acumulando na Inglaterra um conhecimento vasto e detalhado de povos e territórios de áreas coloniais, as mais diferentes e ainda não colonizadas, e que serão de imensa valia quando da virada de rumos dos anos 1870 das sociedades geográficas do continente europeu.

Período áureo das sociedades geográficas, de 1870 a 1920, é também o do começo do declínio de sua importância. Essa é a época em que a etnografia e a antropologia ganham forte expressão como ciência e se lançam à pesquisa nessas mesmas áreas de atuação da geografia. Até cerca dos anos 1870, esses campos de conhecimento atuavam juntos ao da geografia no interior das sociedades, quando então se separam. Mais bem preparadas do que a geografia para o levantamento dos quadros culturais, em particular os rituais e a língua em suas recíprocas relações, a etnografia e a antropologia vão deslocando para si as tarefas de estudos e cadastramento desse campo de conhecimento. Por outro lado, é quando a biologia surge, dedicando-se também ao levantamento das formas da fauna e da flora dos continentes analisados junto a todo o quadro da natureza, identificando-se com o tema da história natural. Restringida em seu campo, a geografia vai se limitando a um elenco menor de atividades, levando as sociedades de geografia a coabitar o mundo institucional com entidades congêneres surgidas junto à emergência daqueles saberes erguidos à condição de formas maiores de ciência. Por volta de 1920, o número das sociedades de geografia continua a crescer, porém agora nos ambientes extraeuropeus.

A GEOGRAFIA UNIVERSITÁRIA

Coincide com esse momento o surgimento da geografia universitária, coroando os ensaios de transformação do saber geográfico em ciência desenvolvidos pelas próprias sociedades.

Nesse nascimento, a geografia universitária, tal como acontecera com os outros campos científicos, a exemplo da etnografia, da antropologia e da biologia em suas áreas, comporta-se como uma herdeira cultural da primeira fase das sociedades geográficas, por isso a geografia universitária acompanha as sociedades geográficas em sua evolução e a trajetória espacial destas. Por essa razão, surge com forma própria em cada contexto nacional, a começar da Alemanha.

A GEOGRAFIA ALEMÃ

É entre os alemães que, por volta de 1754, a geografia inicia seu caminho para o *status* científico. Os passos nesse sentido já são nítidos nas discussões entre as duas vias que surgem: a geografia político-estatística e a geografia pura. A primeira dá prosseguimento metodológico ao que vinha sendo a geografia desde os tempos de Estrabão, no século I, e ganha impulso com Bernardo Varenius, no século XVII. A segunda põe acento na questão dos limites naturais de um território, tema tipicamente

O que é geografia 19

da Alemanha de então e que virá despontar no fim do século XIX com Friedrich Ratzel, particularmente. Ambas tomam para si o grande problema posto à época para o desenvolvimento do capitalismo na Alemanha: a saída do atraso perante os níveis mais avançados da Inglaterra e da França e a solução do problema doméstico de unificação de um território fortemente fragmentado. A geografia política-estatística define o papel da geografia como o de uma montagem de um painel, o mais amplo e sistemático possível, de conjuntura e demarcação territorial, tendo em vista daí extrair os meios que atendam às necessidades da administração estatal. A geografia pura assenta a tônica nos critérios dessa demarcação, sendo para ela os limites naturais do terreno. Tanto uma forma de geografia quanto outra se voltam assim para a questão da identidade territorial e seus marcos de limite, emergindo no contexto da Alemanha fragmentada às voltas com o problema da unidade como um assunto identificado ao tema da unidade e da diversidade regional dentro e fora de um país. Assim, na aparência contrapostas, essas duas formas de geografia apenas se diferenciam em sua convergência para um mesmo ponto: a geografia político-estatística privilegia a problemática da unidade interna do Estado dos príncipes em que se divide a nação alemã, enquanto a geografia pura estende-se para a questão mais além da unidade do todo de uma Alemanha regionalmente diferenciada. Todavia, é a geografia pura a forma que se identificará com o verdadeiro salto que o saber geográfico experimentará na entrada da metade seguinte do século XVIII, quando, com Immanuel Kant, ganhará a tradução que a tornará uma forma de ciência moderna.

Por cerca de quarenta anos, de 1756 a 1796, Immanuel Kant (1724–1804) leciona na Universidade de Koengsberg o que então se chamava geografia física, assim designada em grande medida por efeito da temática herdada da geografia pura. As aulas de geografia serviam a Kant, ao lado da antropologia pragmática, como ponto de apoio de sua busca de formação de uma sistemática nova para a filosofia, sua área de atuação real. Por meio da geografia, Kant procurava formar um conceito crítico da natureza e, por meio da antropologia pragmática, um conceito crítico do homem, conceitos esses capazes, ao mesmo tempo, de permitir-lhe dar contemporaneidade a uma filosofia defasada diante de uma ciência que se lhe avançara bem mais adiante, mercê o surgimento da física newtoniana, e equacionar a separação entre a natureza e o homem que, desde Descartes, aparecera na forma de um objeto e sujeito dissociados. A geografia que está nascendo na Alemanha é, assim, prima-irmã da filosofia crítica que igualmente está nascendo pelas mesmas mãos de Kant, trazendo consigo traços importantes dessa filosofia, em particular o papel da percepção e do espaço no processo do conhecimento.

Para Kant, o conhecimento nos é dado inicialmente pela rede das nossas sensações corpóreas. Nasce com elas o conhecimento empírico, que advém da junção das informações sensórias – singulares e isoladas por provirem das formas diferentes das sensações (a visão, o tato, o olfato, a gustação) – pela percepção numa imagem reprodutora dos objetos do mundo externo. Nesse processo, diferem a percepção interna, reveladora do homem (objeto da antropologia pragmática), e a percepção externa (objeto da geografia), reveladora da natureza. Uma separação que deve ser superada pelo conceito quando o conhecimento senso-perceptivo se torna um conhecimento sistemático e generalizado no nível abstrato do pensamento. É quando o espaço e o tempo aparecem como um fundamento, embora revelando uma nova dicotomia. Os dados da apreensão sensória aparecem à percepção como entes localizados numa ordem de contiguidade e de sucessão, a ordem da contiguidade sendo o espaço e ordem da sucessão sendo o tempo. Ora, fruto da percepção externa (objetiva), o espaço aparece como uma relação de externalidade, e fruto da percepção interna (subjetiva), o tempo como uma relação de internalidade, um problema que Kant espera resolver apelando para a intervenção da filosofia, atribuindo à geografia a ordem do espaço e à história a ordem da sucessão no processo do conhecimento, cabendo à geografia a descrição do espaço e à história a narrativa do tempo, a filosofia juntando-as e trazendo-as para o seio de sua reflexão do mundo como um universo de fenômenos de diversa determinidade que só a subjetividade do pensamento humano unifica.

Geografia e história surgem, pois, de um mesmo processo, o da identificação dos fenômenos, porém em ordens de distinta qualidade: a geografia estuda os fenômenos no espaço e a história no tempo – por isso diferentes e separadas, mas com a mesma origem. A história surge para registrar a sucessão dos acontecimentos, ao passo que a geografia surge para registrar a coabitação.

A forma de leitura da história é a narrativa, enquanto a da geografia é a descritiva. A geografia e a história firmam-se, pois, como saberes separados, mas unificadas pela filosofia. Assim, embora distintas, geografia e história se encontram. Pelo olhar da filosofia, a história é uma geografia contínua e a geografia uma história cortada pela descontinuidade. Pode, assim, haver uma história como uma geografia da Antiguidade, por exemplo, uma vez que os acontecimentos históricos ocorrem num lugar geográfico e os acontecimentos geográficos ocorrem num contexto de tempo histórico. Como, pensa Kant, a geografia é a descrição natural da natureza, segue-se que ela subestrutura a história e a antecede. Substrato da história, a descrição da natureza dá o tom da definição da geografia em sua lida com os fenômenos humanos.

Deve-se compreender que Kant vê a geografia pelo prisma de quatro referências:

1) a concepção aristotélica, ainda prevalecente, da coisa física como tudo que forma o mundo externo da nossa percepção;
2) a forte influência da ideia da natureza como coisa inorgânica recém-introduzida no conhecimento científico pela física newtoniana;
3) a presença determinante das ideias da geografia pura;
4) o próprio interesse de Kant de tê-la como suporte de sua reflexão sobre a natureza ao lado da reflexão do homem propiciada pela antropologia pragmática. Quando Kant designa-a de uma geografia física, está dizendo algo inteiramente diferente do sentido atual, este derivado da segunda referência.

As teorias de Kant vão, assim, ser a base do nascimento da geografia moderna, transferindo-lhe como paradigmas a noção do espaço como ordem espacial, a superfície terrestre como campo da taxonomia (tomando os nichos territoriais como critério, diferentemente da ordem lógica de Carl von Linné, conhecido como Lineu, então em voga), a comparação como método e o sistema de agrupamento taxonômico dos fenômenos por suas semelhanças e diferenças, que logo a seguir Alexander Von Humboldt e Carl Ritter vão incorporar ao sistematizá-los como um *corpus* discursivo, no começo do século XIX.

Alexander Von Humboldt (1769-1859) e Carl Ritter (1779-1859), contemporâneos, vivem o clima histórico das lutas pela unificação territorial nacional e pelo desenvolvimento moderno da Alemanha, mas no ambiente dos efeitos dos seus primeiros passos de desenvolvimento da economia moderna e de instauração da unificação alemã, passos esses dados na forma da união aduaneira (*zollverein*), firmada em 1834 pelos principados alemães. Nesse clima nasce com eles a geografia alemã e o seu caráter de uma visão integrada do todo da realidade do mundo, expressivo das necessidades nacionais da Alemanha. São, por isso, eles, não Kant, os geógrafos fundadores.

Incorporadores da contribuição de Kant, Humboldt e Ritter seguem, entretanto, trajetórias diferentes. Humboldt exprime a visão do romantismo encarnado pelo poeta J. W. Goethe (1749-1832) e pelo filósofo da natureza F. G. Schelling (1775-1854). Tomando como referência a esfera das plantas como uma mediação das relações entre a esfera inorgânica das rochas e dos solos e a esfera humana da sociedade, Humboldt costura sobre essa base a unidade do todo da superfície terrestre. A morfologia da paisagem, tirada da teoria da estética de Goethe, é o recurso de método que emprega para, das relações das plantas com o mundo do inorgânico e o mundo do humano, inferir a sua teoria holista de geografia. Ritter parte da noção de escala que toma de empréstimo a J. H. Pestalozzi (1746-1827), discípulo de J. J. Rousseau (1712-1778), à qual junta o romantismo da filosofia da identidade de Schelling. A relação humana parte para Pestalozzi do contexto da natureza, de que o homem é parte integrante, a percepção dessa pertença indo do mais próximo para o mais distante, dessa forma inferindo sua compreensão de mundo e de si mesmo. Ritter transporta o pensamento pestalozziano para o âmbito da geografia e o transforma em sua própria teoria geográfica. A base é o método comparativo herdado de Kant e a filosofia da identidade, vertente filosófica de Schelling diferente daquela que serviu de referência a Humboldt, tomando também, à semelhança deste, os recortes de espaços da superfície terrestre como referência territorial da constituição holista. O propósito de Ritter, porém, é, pela comparação das semelhanças e diferenças dos recortes, grupados dois a dois, extrair generalidades comuns e singularidades distintivas para assim chegar ao que designa de individualidade regional, ao fim do qual a superfície terrestre venha a aparecer, como um todo, como um grande mosaico, essa corologia constituindo a visão holista de Ritter. Compartilham, pois, Humboldt e Ritter da concepção holista do romantismo na qual a diversidade e a unidade da superfície formam a referência, o holismo de Humboldt expressando uma concepção panteísta que vem de sua relação com o esteticismo goethiano e a filosofia da natureza de Schelling e o de Ritter uma concepção teísta que vem de sua relação com a filosofia combinada de Pestalozzi e de um Schelling voltado para o teísmo.

O holismo é o modo como tanto Humboldt quanto Ritter refletem o desejo e o quadro conturbado da unificação da Alemanha, que Lucien Goldmann resumiu nas seguintes palavras:

> Em toda a Europa, na França e na Alemanha, como na Itália, na Inglaterra ou na Holanda, o desenvolvimento do pensamento humanista (racionalista ou empirista) esteve estreitamente ligado a desenvolvimento econômico do país, quer dizer, ao desenvolvimento de uma burguesia comercial e industrial. A existência ou ausência desse Terceiro Estado determinou, também, a situação dos escritores humanistas ou místicos na sociedade. Na França, os escritores humanistas e racionalistas estavam organicamente ligados ao público e à nação inteira. Faziam parte dela e exprimiam seus pensamentos e sentimentos; ser escritor não passava de uma profissão como qualquer outra. Um Montaigne, um Racine, um Descartes, um Molière ou um Voltaire são a expressão perfeita de seu país e de sua época. Atrás de seus escritos está toda a parte culta da nação, e eis por que seus ataques são perigosos, suas sátiras tão mortais para quantos eram atingidos. "Na França, o ridículo mata", diz um provérbio que bem caracteriza esse estado de coisas. Na Alemanha a situação é exatamente oposta. O grande atraso no desenvolvimento social e econômico e a ausência por mais de dois séculos de uma possante burgue-

sia comercial e industrial impediram a eclosão de fortes correntes de pensamento humanista e racionalista; a Alemanha estava aberta, sobretudo, ao misticismo e aos transportes afetivos e intuitivos. Eis por que nesse país faltava aos escritores e pensadores humanistas e racionalistas todo contato verdadeiro com o público e a sociedade que os abrangia. A solidão é o tema fundamental que sempre aparece na biografia dos grandes humanistas alemães. O velho Leibniz, Lessing, Hölderlin, Kleist, Kant, Schopenhauer, Marx, Heine, Nietzsche e tantos outros levantam-se todos como solitários no meio da sociedade alemã que não os compreendia e com a qual eles não conseguem manter contato. Eis por que há entre eles tantas vidas partidas. Hölderlin, Nietzsche e Lenau enlouqueceram; Kleist se suicidou; Klopstock, Wimckelmann, Heine, Marx, Nietzsche viveram no exílio; Lessing morreu num canto perdido.

Embora compartilhando e vendo a Alemanha com a mesma expectativa crítica, Humboldt e Ritter seguiram caminhos diferentes. Humboldt dedicou quase toda sua vida a organizar o vasto material que reuniu de suas incursões em pesquisas pelo mundo e a fazer palestras para o público europeu, em particular para o francês, ávido em conhecimento dos relatos dos quadros de vida dos quatro cantos do mundo, resultando disso seu *Cosmos*, a obra *mater* publicada em cinco volumes entre 1845 e 1862. Ritter dedicou-se às suas lições na Universidade de Berlim (foi colega de Friedrich Hegel e professor de Karl Marx) e na

Academia Militar Prussiana (foi colega de Karl von Clausewitz, o grande teórico da arte da guerra), aos 19 volumes de seu *Erdkunde* (publicados entre 1819 e 1859) e à presidência da Sociedade de Geografia de Berlim em sua primeira fase.

Humboldt e Ritter morrem em 1859, e por algumas dezenas de anos a geografia alemã entrou num estado de forte declínio que só terminou por volta de 1880, com o aparecimento de uma nova geração de geógrafos de origem acadêmica a mais diversa, entre os quais ressaltam-se Ratzel, vindo da zoologia, e Ferdinand von Richtofen, vindo da geologia.

Friedrich Ratzel (1844-1904) desenvolve sua teoria em duas obras fundamentais, a *Antropogeografia*, de 1882, e a *Geografia política*, de 1897, formulando uma maneira de ver a geografia com inspiração no organicismo sociológico de Herbert Spencer (1820-1903). Ratzel toma por princípio a visão integrada de Humboldt e Ritter, mas para ver na relação política, não na paisagem orgânica da superfície terrestre, o dado integrador. Os homens necessitam extrair do solo – outro modo de Ratzel dizer seu chão espacial – os seus meios de vida. Para isso, precisarão criar um organismo que os integre em suas ações. Esse organismo é o Estado. E é o Estado em seu casamento como o solo a origem da sociedade. O chão espacial é o elo orgânico da unidade Estado-sociedade, compondo a base deste complexo, e sendo, por isso, chamado por Ratzel de espaço vital.

A procura para dispor de mais referência de vida leva os homens a buscar uma ampliação crescente desse espaço vital na história, conseguindo incorporar áreas do território ainda não ocupadas ou ocupando mais intensivamente o que já se apossaram. No primeiro caso, a ampliação pode significar apenas uma ocupação mais completa de seu território ou uma atitude de invasão do território de outras sociedades. No segundo caso, pode significar a obtenção de meios em quantidades superiores ao que precisa, motivando uma relação de cooperação internamente e com as demais formas de sociedade, de modo que, em decorrência da dinâmica do espaço vital, as sociedades podem conviver seja numa relação de conflito, seja numa relação de cooperação na história.

Ferdinand von Richtofen (1833-1905) divide com Ratzel as honras da reconstrução da geografia alemã. E encabeça uma lista de geógrafos em que se incluem Albrecht Penck (1853--1945) e Walter Penck (1888-1923), pai e filho, respectivamente, os primeiros vindos da geologia que buscam, ao redor da criação da versão alemã de geomorfologia, estabelecer esse reerguimento, tomando como referência a noção de paisagem de Humboldt.

Vimos que nessa noção a forma é a referência da leitura – a paisagem aparecendo por sua feição morfológica como o objeto da explicação geográfica. A inspiração é a morfologia de Goethe de onde Richtofen tira o nome de geomorfologia que dará à nova forma de geografia que está ajudando a criar, de modo que, embora surgindo como estudo geográfico do relevo, a geomorfologia irá se modelizar como um estudo do relevo enquanto aspecto da paisagem, uma parte integrada ao seu todo, o relevo sendo visto dentro e na medida das características locais do todo da superfície terrestre.

Esse caráter de parte do todo mais integrado e que tem na

forma sua categoria por excelência de descrição e explicação é um traço que cedo sai da geomorfologia para daí em diante ir se tornar o fundamento de toda a geografia alemã. A climatologia, a hidrografia, a geografia agrária, cada ramo que surge vem já formulado nesse parâmetro, que vai se tornar uma espécie de paradigma da nova geografia alemã.

Como é Humboldt a fonte de inspiração para o qual cabe à vegetação o papel da integração holista, é, então, a biogeografia, não propriamente a geomorfologia, que ao final acabará por estabelecer a base do conceito alemão da paisagem. Assim, toda a geração que se segue a Richtofen e aos Penck, de Siegfried Passarge (1867-1958), um geógrafo vindo da medicina, a Carl Troll (1889-1975), egresso da biologia, vem a tomar o padrão biogeográfico como referência do conceito da paisagem e do método morfológico e a levar a geografia alemã a institucionalizar-se nessa característica, a culminância vindo a acontecer com Otto Schlütter (1872-1959) e Alfred Hettner (1859-1941) – Schlütter orientando a geografia da paisagem para um sentido da cultura e Hettner para o da diferenciação de áreas, num retorno à corologia da individualidade regional de Ritter.

A GEOGRAFIA FRANCESA

Se o século XIX foi alemão, o século XX será francês em geografia. E a ponte de passagem é a geografia comparada de Ritter. Elisée Reclus é seu aluno e Paul Vidal de La Blache seu discípulo. Seja como for, é da geografia alemã que a francesa tirará o conteúdo para a sua geografia.

Tal como a geografia alemã, a francesa tem imbricações no seu início com as sociedades geográficas. A Sociedade de Geografia de Paris de-sempenha até o ano de 1870, quando se inicia a fase da geografia universitária, as mesmas atividades de cursos e estimulação de debates de temas e eventos geográficos desenvolvidos pelas outras. Malte-Brun, filho de um geógrafo de origem dinamarquesa e autor de uma *Geografia universal* de grande circulação, preside a Sociedade de Paris, tal como Ritter a de Berlim, por um bom tempo. E, assim como Ritter, Brun recebe, organiza e divulga os trabalhos de geógrafos franceses, maduros e em formação, como um Elisée Reclus ainda pouco conhecido em 1862, por meio das atividades para-acadêmicas da sociedade.

Entretanto, só nas décadas finais do século XIX tem início a fase universitária da geografia na França. Seu grande criador é Vidal de La Blache. Há, assim, uma geografia francesa que antecede a Vidal, ao mesmo tempo que é o começo de uma fase nova com ele. Reclus é a grande expressão da fase que precede e verá sua influência entrando ainda pela fase seguinte.

Elisée Reclus (1830-1905) é um geógrafo de formação anarquista, condição que o manteve fora da França, no exílio, a maior parte de sua vida. O primeiro exílio ocorreu em 1852, por causa da sua reação em protesto ao golpe de estado de Luís Bonaparte III. A principal época deu-se, entretanto, a partir de 1871, em consequência de sua participação na Comuna de Paris – levante do povo decorrente da fuga da burguesia governante da cidade diante do avanço das tropas alemãs pelo território francês no ano de 1870, quando estas, em 1871, chegam às portas de Paris. Revoltado, o povo toma as rédeas do governo da cidade, reorganiza o poder em forma comunitária e mantém Paris sob seu controle por 72 dias, quando as tropas francesas e alemãs, aliadas, invadem Paris e destroem com enorme violência o governo popular, prendem e eliminam seus líderes. Entre eles está Reclus. Pressionado por uma mobilização internacional que exige a sua libertação, o governo francês reconstituído expulsa Reclus do país, obrigando-o a viver em exílio até sua morte.

Toda a obra de Reclus é produzida nessa condição de exilado, boa parte dela como meio de sobrevivência. Para tanto, Reclus vai dedicar-se a escrever roteiros de orientação de turistas, os famosos *Guias Joannes*, os primeiros dos quais datam de 1858. Impressionada com a qualidade dos textos, a Editora Hachete passa a publicar suas obras científicas, com a exigência de Reclus não externar sua filosofia anarquista em seus trabalhos. Assim, em 1869 publica *A Terra: descrição dos fenômenos da vida do globo*, onde Reclus desenvolve sua teoria da natureza e faz sua afirmação do "homem como a natureza consciente de si mesma", numa concepção de geografia integrada que mantém a tradição dos fundadores. Entre 1875 e 1894 publica *A nova geografia universal*, obra em 19 volumes que cobre as regiões do planeta, para cuja redação Reclus percorre os mais diversos países em trabalhos de pesquisa, sendo ajudado por Peter Kropotkine na autoria da parte de geografia física de muitos capítulos. Por fim, já rompido com a Hachete, publica entre 1905 e 1908 sua mais importante obra, *O homem e a terra*, onde pode expor suas ideias sem limites, falecendo, entretanto, em 1905, antes de ver esse livro vir a público.

A Paul Vidal de La Blache (1845-1918) caberá a tarefa de criar a versão acadêmica da geografia francesa. E esta vem como uma reação nacional perante o fracasso na guerra, aproveitando a elite francesa para empreender uma grande reorganização do Estado e das instituições da sociedade com uma série de medidas, entre as quais a redivisão regional da França e a criação da universidade em moldes modernos, a geografia de Vidal vindo dessas duas fontes. Em 1903, atendendo à solicitação de seu colega historiador Ernest Lavisse, La Blache publica *Quadros da geografia da França*, o famoso *Tableau*, lançando com ele as bases da geografia regional francesa. Em 1917, dentro do clima da guerra mundial e diante do avanço das tropas aliadas rumo à Alemanha, publica *O leste da França*, um trabalho de geografia política que ficará por longo tempo desconhecido. Em 1922, após sua morte ocorrida em 1918, é publicada sua segunda obra capital, *Princípios de geografia humana*, onde lança as bases de uma geografia da civilização, numa linha em tudo distinta do livro de 1903 por sua visão integrada e muito próxima de um diálogo com a visão antropológica do fato geográfico, sobretudo por seu conceito-chave de gênero de vida.

Toda a evolução da geografia francesa e a irradiação que a faz tornar a base da geografia mundial em todo o correr do século XX vem da ação dos discípulos de Vidal, uns divulgando e sedimentando a concepção regional nascida das páginas do *Tableau*, outros buscando seguir uma linha sistemática longinquamente próxima do *Princípios*, sem contudo lograr ter a visão integrada que encontramos nos fundadores, e mantida sob forma menos holista por Vidal, Ratzel e Reclus. É com muitos deles que a tradição vidaliana cede lugar à fragmentação que vai dominar a história da geografia a partir dos anos 1940, assim perdurando até hoje.

A GEOGRAFIA NORTE-AMERICANA

Uma combinação inusitada da geografia alemã da paisagem e da geografia francesa da região atravessará o Atlântico para formar a geografia americana. Aí vão despontar Carl Sauer e Richard Hartshorne.

Carl Sauer (1889-1975), originário de família alemã migrada para os Estados Unidos, é o promotor maior dessa mesclagem. Da geografia francesa, ele tira o foco regional e da geografia alemã o enfoque morfológico da paisagem, resumindo esse encontro *A morfologia da paisagem*, em ensaio de 1925. Mas logo sofre influência da antropologia, em franco desenvolvimento nos Estados Unidos, e desloca o seu discurso no sentido da cultura e da sua arrumação regional, focando seus trabalhos nas regiões culturais. Seu propósito é analisar a passagem das paisagens naturais para as paisagens humanizadas e o efeito dessa mudança nos modos de vida e organização das sociedades comunitárias, cuja presença ainda forte nesse tempo desperta a atenção do povo e da intelectualidade norte-americana.

Richard Hartshorne (1899-1992) completa esse percurso, trazendo para a geografia regional vidaliana a presença do enfoque neorritteriano de Alfred Hettner, levando a geografia norte-americana a recentrar seu foco na diferenciação de áreas do conceito hettneriano.

OS CANAIS CRUZADOS DAS SOCIEDADES E DA ACADEMIA

Nem sempre, todavia, os discursos das sociedades e da academia seguem linhas distintas, frequentemente levadas a um entrecruzamento que será responsável pela difusão de toda uma ideologização das correntes de geografia como um discurso de escolas nacionais. E assim a levar parte da geografia acadêmica a vincular a academia e as sociedades nos entrelaçamentos com as políticas de expansionismo e a se afastar da tarefa de ir ao encontro da utopia estraboniana do século I.

Dois pontos de entrecruzamento, sobretudo, têm lugar: a criação de cadeiras de geografia colonial nas universidades junto à instituição da geografia universitária e o surgimento da versão de geopolítica que terá lugar nessa época.

A criação das cadeiras de geografia colonial no âmbito das universidades tem suas origens nas cadeiras de geografia comercial instituídas no âmbito das sociedades de geografia no momento de sua segunda fase. A Sociedade de Geografia Comercial, desmembrada da comissão para estudos de relações exteriores da Sociedade de Geografia de Paris, por exemplo, foi criada em 1873, inaugurando uma prática que se multiplicará pela Europa.

A primeira cátedra de geografia colonial é criada em 1885, também na França, logo se desdobrando em cadeiras de geografia comercial – estas disciplinas começam a se propagar pelo ensino universitário de geografia através do continente, simultaneamente à multiplicação das sociedades comerciais. Não se trata, entretanto, de uma regra universitária. A geografia colonial é criada na França por Marcel Dubois, um dos fundadores da revista *Annales de Géographie* junto a Vidal de la Blache, mas sem vínculos de parte deste.

Embora a disciplina ganhe corpo no ambiente universitário daí para diante, estimulada na França pela criação em 1889 da Escola de França de Além-Mar (École de France d'Outre Mer), ainda sob os influxos da derrota da guerra de 1870, nem Vidal de la Blache nem a maioria dos acadêmicos seguirá essa trajetória. Diga-se o mesmo da Itália, onde tem o mesmo papel impulsor a Sociedade Geográfica Italiana criada em 1868. Ou da Alemanha, quando à mesma época é criado o Instituto Colonial de Hamburgo, em que a África é o objetivo de atenção.

Cedo a geografia colonial e a geografia comercial se desdobram numa geografia tropical, matéria de intensas pesquisas acadêmicas à qual se dedicará uma diversidade de revistas especializadas e das quais sairá uma profusa produção de livros e atlas das colônias em que o trópico colonial ganha um amplo tratamento analítico e de sistematização, expressando um movimento no qual a realização da Conferência Internacional de Geografia de 1876 e seu desdobramento na criação da Associação Internacional Africana e a ocorrência da Conferência de Berlim de 1884-1885 são parte integrante.

A geopolítica surge como uma componente desse quadro, materializando em toda clareza a institucionalidade dessa mesclagem. Sua função é trazer para o Estado e a ação militar a legitimidade do tema e da tarefa do empreendimento de uma geografia colonial no âmbito da relação entre as potências europeias.

Embora criação do jurista sueco Rudolf Kjellen (1884-1926), que desenvolve suas ideias em seu livro *O Estado como forma de vida*, de 1916, é ao geógrafo britânico Halford Mackinder (1861--1947) que cabe o melhor resumo desse seu significado. Em *A Grã-Bretanha e os mares britânicos*, de 1902, Mackinder deixa claro a quem se destina o discurso da geopolítica, observando: quem dominar o leste europeu, dominará o coração do continente; quem dominar o coração do continente, dominará a ilha-mundo; e quem dominar a ilha-mundo, dominará o mundo. Por leste europeu Mackinder refere-se à Alemanha, extensivo à Rússia. A ilha-mundo é a Inglaterra.

O auge dessa mescla é o período da Segunda Guerra Mundial, após o qual seu sistema institucional e de ideias decai e praticamente se extingue. Seja porque a antropologia vai lentamente substituindo a função até então exercida pela geografia, seja porque a propagação vai transformando a indústria em um sistema mundial, o centro das relações internacionais sofre a partir dos anos 1950 uma grande mudança. A incorporação dos espaços mundiais por hábitos de consumo de bens vindos da fabricação industrial vai tomando o lugar de um expansionismo baseado no domínio das fontes brutas de recursos naturais pura e simples, o conhecimento dos valores culturais distintivos de territórios e povos se tornando a matéria-prima principal da nova forma de expansão. Declinam de importância, assim, tanto as Sociedades de Geografia quanto a geopolítica, numa perda da influência de que desfrutavam os conhecimentos geográficos da qual não escapará mesmo a geografia acadêmica.

A GEOGRAFIA ACADÊMICA
E A GEOGRAFIA MARGINAL

A centração da geografia na virada do século XIX para o século XX nessa consorciação da ideologia das Sociedades de Geografia e da geografia colonial, que então viceja também na área acadêmica, cunhará, todavia, o modo de entendimento com que a ciência geográfica ficará popularizada. A geografia acadêmica e o ensino escolar que sobrevêm herdam esse cunho pragmático da geografia comercial, empurrando o discurso geográfico e sua tradução escolar para um viés naturalista e utilitário. Estudar-se-á a natureza pela influência que exerça sobre as atividades práticas da produção econômica, o homem pelo efeito do prisma demográfico sobre a demanda de consumo e a oferta de mão de obra e a economia por fim como a própria razão final dos estudos, num sistema de estrutura N-H-E.

No entanto, seguira existindo a geografia de sentido de compromisso com "o grande problema da vida e da felicidade" de Estrabão, aqui e ali vindo à tona num contraponto com a geografia acadêmica, como a exemplo da visão socialista de Reclus e a puramente acadêmica de Vidal que impregna o ambiente francês da virada do século XIX-XX. Um contraponto que vem pôr fim à superfície para dominar os debates do mundo científico dos anos 1970.

As grandes mobilizações que têm como pano de fundo a guerra do Vietnã e a sequência simultânea de catástrofes ambientais que convergem nessa década, sacodem a estabilidade das estruturas geográficas construídas à base da política do expansionismo mundial, da economia comercial e do industrialismo capitalista, produzindo um momento de intenso debate crítico no âmbito da geografia acadêmica, com intuitos de mudanças.

Já se pode vislumbrar por volta dos anos 1950 uma ligeira tentativa de reorientação da geografia acadêmica entre alguns geógrafos franceses. Em geral, são geógrafos de formação marxista, dando sequência à busca de reativação do conceito de gênero de vida de Vidal por seu discípulo Max Sorre nos anos 1930. É Pierre George (1902-2005), continuador dos trabalhos e ideias de Sorre, o centro de referência dessa renovação. É com George que a teoria da organização geográfica do espaço mundial perde seus alicerces clássicos: a divisão natural em continentes. Pierre George toma como nova referência os sistemas econômico-sociais, vendo as formas de organização do espaço mundial segundo os sistemas socialista e capitalista, este por sua vez diferenciando-se em desenvolvidos e subdesenvolvidos. A geografia de cada país, incluindo-se suas condições naturais, organizar-se-á segundo as regras socioeconômicas de seu sistema, o que põem no centro da organização as determinações da história. A história determina o modo da relação do homem com o seu meio natural. Assim, por exemplo, foram necessários anos de desenvolvimento econômico-social para que os homens habitantes do Oriente Médio descobrissem a forma de uso industrial do petróleo e o incorporassem como fonte de energia e matérias-primas à sua existência.

Com Yves Lacoste, discípulo de Pierre George, é dado mais um passo na ruptura com o naturalismo. Da lavra de Lacoste sai o clássico *Geografia do subdesenvolvimento*, de 1965, no

O que é geografia

qual a classificação dos países e regiões desenvolvidos e subdesenvolvidos e capitalistas e socialistas ganha um trato mais sistemático. O homem já não mais aí é visto segundo suas diferenças de ordem continental. O que os distingue são suas condições econômicas e sociais de existência, emanadas da capacidade de transformar e distribuir a riqueza vinda da ação sobre a natureza. No nordeste industrial dos Estados Unidos, no noroeste europeu, nos desertos do Saara, como nos trópicos do Brasil ou na região de coníferas do sul do Chile, o que temos são homens vivendo sob quadros econômico-sociais que os distingue em afortunados ou famintos. A determinação da estrutura econômico-social das sociedades, eis o substrato da geografia em suas diferenças. Nos anos 1960, este conjunto de novas ideias é sistematizado por Pierre George, junto a Yves Lacoste, Bernard Kayser e René Guglielmo no livro *A geografia ativa*, de 1964, título que dará o nome ao movimento. O centro da nova teoria é o conceito de situação que George define nos termos da dialética de freios e aceleradores:

> Uma situação é a resultante, num dado momento – que é, por definição, o momento presente, em geografia –, de um conjunto de ações que se contrariam, se moderam ou se reforçam e sofrem os efeitos de acelerações, de freios ou de inibição pelos elementos duráveis do meio e das sequelas das situações anteriores.

Sente-se a intenção de se introduzir a contradição como motor da dinâmica global na perspectiva do marxismo, por onde

Pierre George havia transitado logo após o fim da guerra, mas esquematizada nos termos do funcionalismo habitual das formulações vidalianas, a que George retorna e de onde no fundo sempre parte.

Os estertores da antiga geografia oficial conhecem, entretanto, também sua versão de renovação, e que vem junto com a geografia ativa na forma da *new geography*. Essa é uma tentativa de ruptura na aparência mais radical, mas voltada ao fim de abandonar o conteúdo dos gêneros de vida e o formato do recorte regional, descartando os princípios vidalianos de geografia sob o argumento de serem não científicos. Seu berço são os Estados Unidos, de onde se difunde para a Inglaterra e daí para o resto do mundo, encontrando declarada oposição dos geógrafos franceses e dos centros mundiais de forte raiz vidaliana.

O pressuposto da *new geography* é a organização do espaço segundo tipologias que expressam padrões matemáticos, combinações de variáveis entrelaçadas numa constante matemática que se revelam no formato dos arranjos do espaço, eles mesmos tipologias-padrão, que, uma vez conhecidas, tornam-se a teoria explicativa da dinâmica geográfica dos arranjos espaciais. Dispensa-se a compreensão do sentido naturalista ou histórico dos conteúdos, partindo-se do princípio de que o fenômeno geográfico é um jogo de relação processo-forma no qual o padrão matemático é o conteúdo. O computador e o conteúdo matemático são, assim, a essência dessa modalidade de geografia, o primeiro tomado como instrumento por excelência dos modelos quantitativos e o segundo como o objetivo do alcance do conhecimento, o traçado do formalismo geométrico dos arranjos do espaço sendo o seu objeto.

Essa combinação de modelo quantitativo e formalismo geométrico coincide com o auge do envolvimento norte-americano na guerra do Vietnã. O que leva Yves Lacoste a ver nela a própria razão da emergência da *new geography*. Em vários textos publicados na revista *Herodote*, por ele dirigida, Lacoste mostra a ligação da *new geography* com a elaboração da cartografia que orienta as ações militares norte-americanas no território do Vietnã, os modelos quantitativos e o uso do computador sendo utilizados para mapear as áreas de valor estratégico para o modo de vida geográfico da população vietnamita, baseado na rizicultura inundada e assim dependente do controle dos rios por meio de diques, erguidos secularmente pelo povo vietnamita em ações comunitárias. A cartografia de precisão que esta metodologia meramente formal-quantitativa desligada dos conteúdos natural-sociais efetivos oferece às ações militares de ar e de terra norte-americanos cai como uma luva para seus propósitos de destruição da resistência das tropas de guerrilha e das comunidades do Vietnã, via bombardeios maciços desses diques combinados à guerra química que introduzem com a aspersão do napalm, um veneno químico tão altamente destrutivo quanto as catástrofes geradas pelo rompimento dos diques do curso dos rios.

Vem-lhe, assim, à lembrança a associação das sociedades de geografia e do uso da face política que a ciência geográfica na forma da geopolítica oferecera na primeira metade do século, aproveitando para denunciar a geopolítica de então como uma deformação introduzida pela política expansionista, mostrando vir a geopolítica do vínculo das lutas de autodefesa e resistência das comunidades do passado, chamando a atenção para a necessidade de resgatá-la do sentido estatal-militarista que então se dera, reorientando a própria revista *Herodote* no sentido desse resgate.

O resultado é a publicação em 1976 do livro *A geografia – isto serve, antes de mais nada para fazer a guerra*, que, ao tempo em que, elucida o fundamento epistemológico, busca restabelecer para a própria geografia o sentido mais amplo do significado estraboniano do passado, deixado à margem e intencionalmente esquecido pelo que Lacoste chama a geografia dos estados maiores e a geografia dos professores, aquela o saber de uso político que não deve ser deixado nas mãos das empresas e dos militares, numa reedição moderna da geografia comercial, antes a resgatando para o seio das populações em suas necessidades de organização societária, a exemplo recente do povo vietnamita, e esta o saber universitário, a geografia acadêmica, que, em nome de não ser confundida com a geopolítica da conotação expansionista do período de guerra, refugiara-se, diz Lacoste, numa neutralidade acadêmica que não existe.

No fundo, Lacoste se soma com este livro – onde anuncia que é preciso "conhecer o espaço, para nele se organizar e nele combater" –, a uma série de publicações que reagem às deformações quantitativo-formalistas da *new geography*, como *Por uma geografia nova*, de Milton Santos, *A justiça social e a cidade*, de Harvey, e *Marxismo e geografia*, de Massimo Quaini, genericamente batizada de geografia radical e geografia crítica, dado que, com ela, seus autores recuperam e ultrapassam as formulações antigas, reeditando, mas sob forma nova, a preocupação de aliar análise de forma e conteúdo com o intuito de levar a pesquisa geográfica ao conhecimento da essência dos modos de vida da sociedade moderna, como antes o tentara a geografia ativa.

Entre seus efeitos está o resgate da trajetória aberta por Estrabão, em que se perfilam Reclus e outros tantos geógrafos de formação socialista moderna, e em que se encontra o próprio Lacoste como quadro integrante do movimento da geografia ativa. São livros que abrem um processo novo de renovação que vai desembocar no pluralismo de caminhos com que hoje o ambiente intelectual da geografia se apresenta.

A EPISTEMOLOGIA

A longa síntese da formação e do desenvolvimento do pensamento geográfico que fizemos pareceu-nos necessária ao empreendimento do que se pode chamar a sua crítica epistemológica.

Uma das advertências que Milton Santos faz em *Por uma nova geografia* se refere ao tema epistemológico, para ele essencial, do objeto. Não há, observa, como se poder definir a geografia se previamente não se tem a clareza do tema de base com que lida, reclamando ser o espaço este objeto. Quaini, no sentido de amplificação da escala de profundidade, leva o espaço para o sentido do vínculo ordenador da integração orgânica da relação do homem com o meio, convergindo para a noção do espaço como objeto, mas na perspectiva da compreensão de um termo da organização estrutural da relação homem-meio, numa relação de forma e essência.

Seja como for, há nas diferentes intervenções que vêm a público desde os anos 1950 a concepção da geografia como um saber relacionado à clarividência do papel estrutural da organização espacial das sociedades na história, pressupondo-se vir daí a clarificação de tudo mais em geografia.

A CRÍTICA EPISTEMOLÓGICA

É um fato que poucas formas de saber lograram a popularidade da geografia. O mapa e a paisagem, para pegarmos dois exemplos, são signos que encontramos fazendo parte de nossa linguagem corrente, nos mais variados lugares: nas fábricas, nos lares, na televisão, nos comícios, nos quartéis, nas delegacias de polícia, nos organismos políticos, nas empresas, nas escolas, nos murais, nos *outdoors* das estradas.

O que pode estar por trás de tamanha popularidade? Provavelmente o fato de a geografia fazer parte da vida humana, a partir do próprio fato de que todo dia fazemos nosso percurso geográfico, de casa para o trabalho, do trabalho para a escola, da escola para o trabalho, pondo a geografia na própria intimidade das nossas condições de existência.

AS PRÁTICAS ESPACIAIS, OS SABERES ESPACIAIS E A CIÊNCIA GEOGRÁFICA

Isso porque tudo em geografia começa e se resolve nas práticas espaciais. Em geral, as práticas são atividades que ocorrem no âmbito da relação homem-meio no momento e na colagem da sua busca de prover-se de meios de sobrevivência, de modo que toda relação homem-meio é uma forma de prática espacial, mesmo que a recíproca não seja verdadeira em forma direta.

A prática espacial é movida inicialmente pelas necessidades de vida. Quando uma comunidade entra em contato com o solo para fins agrícolas, o que busca é extrair dele o que este e a própria condição de trabalho do homem lhe oferecem. Aos poucos a própria continuidade da prática espacial vai levando o homem a distinguir os melhores locais para esse cultivo e aquela criação, a melhor forma e as espécies mais apropriadas para associações numa policultura local e como arrumar o uso da área para os fins de extrair dela o melhor resultado.

A própria prática espacial vai também estimulando comparações, ensejando ao homem atos de sistematização do quadro de experiências, extraindo aos poucos níveis de generalização do aprendizado em forma de conhecimentos abstratos, as práticas espaciais assim se transformando em saberes espaciais. Devolvidos às práticas espaciais de onde vêm e nas quais mantêm fincadas as suas raízes, os saberes espaciais aumentam sua eficiência, práticas e saberes se unindo e se ampliando dialeticamente numa práxis.

A incorporação progressiva de áreas de práticas e saberes novos a essa práxis, favorecendo o aumento do raio de escala das comparações, generalizações e sistematizações do conhecimento empírico, leva a abstração a galgar níveis crescentes de universalidade cuja consequência é a transformação dos saberes na ciência geográfica.

A PERCEPÇÃO EM GEOGRAFIA

A percepção é o aspecto-chave dessa relação. Nascendo no âmbito da prática espacial, fornece os elementos que a abstração mental vai transformar no saber espacial, e, mais à frente, na ciência geográfica.

Partamos, por exemplo, do modo como costumeiramente formamos nosso conhecimento geográfico. Todos moramos em um lugar e temos familiares e amigos que moram em outros lugares. Esses diferentes lugares são ligados por ruas, avenidas, estradas. Pessoas, objetos e ideias fluem entre esses diferentes lugares, entrecruzam-se por meio das artérias que os colocam em comunicação. Ajudam-se ou ignoram-se. Cedo compreendemos que nossa própria percepção obedece a dimensões de escala geográfica. De *diferentes* lugares são extraídos meios que em *diferentes* lugares são transformados em objetos úteis e que são intercambiados entre *diferentes* homens de e entre *diferentes* lugares. Logo, daí depreendemos que uma combinação de lugares e relações entre lugares tece uma unidade de espaço, um espaço cuja organização em rede forma o modo espacial de existência dos homens. Esse espaço em rede tem um ou uma pluralidade de núcleos, que os reconhecemos na residência, na fábrica ou na escola, cujo conjunto compõe o nosso mundo. Como esses núcleos de unidade de espaço se justapõem – porque os mesmos homens habitam diferentes núcleos – e estes se embutem – porque uma escala de unidade de espaço sempre se inscreve em outra de maior nível de abrangência, como a família, que se inscreve na fábrica, que se inscreve na cidade, que se inscreve no país, que se inscreve no mundo, que se inscreve no universo –, temos uma realidade de rede de escala complexa e abrangente, cuja percepção amplificada revela a nossa existência na integralidade do espaço.

Se passarmos da descrição da percepção das coisas singulares para a explicação da compreensão da estrutura de suas relações, fazemos a passagem do singular para o universal na qual a percepção se transfigura de dado empírico em um discurso geográfico.

Assim, podemos dizer que a geografia é um discurso teórico universal que combina a escala mais simples das coisas singulares da percepção à mais abstrata e complexa da totalidade do conceito, embutindo em sua estrutura desde as práticas espaciais e seus saberes até o pensamento abstrato que é o domínio da ciência. Eis a origem de sua popularidade: é uma forma de conhecimento que do tudo chega ao todo. Um procedimento que não é apanágio da geografia acadêmica. Mas envolve uma inusitada peculiaridade. Na verdade, a maioria das pessoas forma, mesmo que intuitivamente, o juízo do espaço como modo integralizado da existência, uma vez que a prática e a percepção e a sua conversão no senso comum do saber espacial é o cotidiano de vida de todo ser vivo.

Isso faz da geografia um saber do espaço vivido. Um saber com a propriedade de elevar o homem comum da imediatez perceptiva à mediatez mais abstrata, sem se desligar das ambiências e vivências. E se aí reside a sua peculiaridade, da qual deriva sua popularidade, igualmente reside nele o seu amplo significado ontológico. E por isso o caráter de um saber de efeito ideológico e político.

A APARÊNCIA PERCEPTIVA, A IDEOLOGIA E A CIÊNCIA

Se o significado ontológico da geografia está definido em si nessa peculiaridade de alicerçar-se na percepção das práticas e saberes espaciais, vem daí a difícil separação nela entre o ideológico e o científico. Um atributo que, se leva a geografia a poder servir para tornar os homens uma humanidade resolvida em "seus problemas de vida e de felicidade", pode servir também para aliená-los do propósito da vida e da felicidade como projeto de um espaço geográfico construído no compromisso com o homem.

Tal propriedade, que encontramos em qualquer forma de saber, assume, entretanto, na geografia particular significado. Já advertia Lacoste que aquele saber que fala do que pela pura percepção parece o óbvio, no fundo é o que ideologicamente mais se mostra perigoso. Já a geografia acadêmica se dizia um "saber terra-a-terra", concebendo que aquilo com que lida é por demais evidente, capta-se bastando apenas a percepção, mas no fundo escondendo que a percepção pode servir a deus e ao diabo.

Nossa percepção, em verdade, diz o que queremos que ela diga. Campo de batalha onde se trava a disputa da ideologia e da ciência, a percepção pode confirmar ou desdizer o que se afirma de nossa realidade.

Se o universo da percepção é a apreensão pelo aparente de nosso mundo imediato de contatos, quem por meio dela está apreendendo é o nosso corpo, e fala mais alto o dizer da sensibilidade corpórea. O seu poder de sentir quando o dizer não corresponde ao sentido. Diz o povo que "as aparências enganam", inspirado no que as práticas espaciais e sua revelação nos saberes espaciais cotidianamente ensinam. O que dá à geografia a propriedade da proximidade da imediatez que se esconde por trás do espaço vivido.

Nisso, ela se põe de par em par com a ideologia, comungando uma e outra de uma imensa semelhança de metodologia. Tanto a ideologia quanto a geografia se valem do real-aparente para demonstrar a verdade de seus discursos, diante da imensa carga empírica da realidade que o real-aparente carrega. É onde uma e outra vão buscar a matéria de toda demonstração de evidência, numa tênue linha de fronteira. Na revelação, os caminhos podem, mesmo que nem sempre sejam diferentes. Foi com esse intuito que Marx observou em *O Capital* que "a ciência seria desnecessária se toda essência coincidisse com a sua aparência".

A APARÊNCIA E A ESSÊNCIA

Há, antes de mais nada, que se evidenciar no real-concreto do espaço vivido a morada da essência. Simplesmente porque falando a linguagem da percepção ainda, o painel do espaço vivido não nos diz por si mesmo a essência do mundo em que vivemos. A organização da sociedade nem sempre é a que nossos olhos descrevem. Há semelhanças formais. E aí reside o detalhe que pode diferir a geografia da pura ideologia. Sobre a base desse detalhe pode-se elaborar toda uma concepção linear das sociedades humanas ou toda uma teoria da vida social como uma forma de luta tenaz de construção humana.

Essa questão constitui a principal da teoria do conhecimento. Embora seja a questão fundamental de toda forma de saber, recebeu porém na geografia um modo de encaminhamento que a atrelou ao empirismo e ao neutralismo vigorantes até bem pouco.

É onde entra o problema do esquecimento do papel do conceito. Um elemento cujo elo é o objeto. Milton Santos já observara esse hiato epistemológico da geografia. Não por acaso esse é o tema que atravessa as fases da renovação desde os anos 1950 com a geografia ativa e a *new geography* e vira o centro dos debates dos anos 1970.

Estudando a agricultura francesa Pierre George dirá da França que "o capitalismo penetrou em todas as partes, mas o feudalismo não saiu de parte nenhuma". Eis como George coloca a questão do tema na realidade da sociedade moderna, chamando para a contradição de essência que a informa. Em pleno século XX, diz, há ainda no ter-ritório francês algo de não inteiramente incorporado à acumulação do capital, a pequena produção agrícola amplamente disseminada pelo espaço doméstico da França, num momento em que o capital tenta organizar nos moldes do espaço-em-rede emergente como forma de organização nos anos 1950 seu processo de acumulação.

O que George põe em evidência é que, de uma hora para outra, o capitalismo descobre que também tem o seu problema de "unificação territorial" na França. Mas com uma singular peculiaridade. Se para o capitalismo francês trata-se de um problema de economia política do espaço, para o capitalismo alemão o problema espacial fora da ordem política de constituição do Estado. Por isso a questão do espaço vivido como um real-concreto se colocara para a Alemanha num tempo e sob uma forma e para a França se coloca num outro tempo e sob uma outra forma. Assim, se naquele tempo o faz no modo pelo qual é apreendido pelos geógrafos de então, no tempo atual é na forma como as ondas de renovação da geografia ativa o apreendem.

Num e noutro momento a essência se esconde por trás da aparência. Com o adendo de que, sob capas diferentes, a questão espacial aparece no século XX em quase todos os países onde a incorporação de segmentos não capitalistas conflita vivamente com as formas pelas quais o desenvolvimento do capitalismo a põe em pauta.

Chega a parecer natural que a geografia acadêmica tenha se tornado uma ciência empacada no limiar do salto para além do nível imediato da percepção, considerando os laços inseparáveis das relações da prática e do saber do espaço que a prendem. Não seria apenas pelas razões apontadas por Lacoste, considerando a impossibilidade prática de uma ciência ser neutra. Até porque, ao mais comum dos homens, a primeira vez em que se deita os olhos sobre o mundo, o que primeiro lhe salta às vistas é a sua geografia.

Um certo quê de motivo vem do alto peso da presença da percepção nesse olhar sobre o mundo que não é privilégio do geógrafo. E o peso correspondente da descrição que em consequência daí decorre. A dificuldade é, assim, de natureza dupla.

É no campo da percepção onde a ideologia mais se arruma em seu ato de batalha. E é desse nível que também deve a geografia partir para o alcance necessário da teoria da totalidade. Um salto que se mostra difícil, ao tempo que propício para o seu aprisionamento nas redes da ideologia. Isso é o que levou Lacoste a falar do discurso na aparência frequentemente ingênuo da geografia acadêmica e sua tradução escolar diante dos homens e mulheres no dia a dia cotidiano da sociedade capitalista moderna.

OS LIMITES DO MÉTODO

O fato de a geografia manter-se por longo tempo descritiva não é assim uma decorrência do seu caráter empirista, mas não ir além desse horizonte é uma estratégia evidente do interesse de manter-se descritiva.

A tradução da percepção em discurso de totalidade varia com o tipo de teoria que a realiza. O que remete à relação entre esta e o método que utiliza. Um paralelo entre as formas clássica e a quantitativa ilustra esse problema na geografia.

Durante longo tempo, a geografia foi definida como uma pura forma de descrição da paisagem. Sua tarefa consistia em apreender a morfologia do espaço. O que significava essa morfologia, não se esclarecia. Com a emergência da geografia teorético-quantitativa, apresentada por seus teóricos como uma revolução na geografia, troca-se a paisagem pela geometria em busca dos padrões de organização do espaço.

O método que as distingue decorre do que se objetivava apreender. Por isso, variarão entre uma e outra os elementos da teoria. O método veste a roupa que lhe dá a teoria. Concebida como uma teoria do real-aparente, seja este a paisagem e seja o padrão geométrico, em ambas as versões a geografia é levada a realçar o lugar do empírico em suas leituras. O que lhe dá uma vantagem, mas também uma enorme desvantagem. Por isso, se na geografia da paisagem o conteúdo, natural e/ou histórico é levado em conta como um recurso de explicação do formal, na *new geography* ele é completamente descartado, em nome de uma completa desnecessidade da teoria, tal o poder de evidenciação ao conhecimento da realidade que, para ela, confere o modelo matemático.

Assim entendido, o método de versão teórico-quantitativa consiste em uma sucessão de passos cujo fim é produzir o padrão formal. Coligir dados, compará-los, classificá-los, estabelecer generalizações e daí inferir as tipologias já implícitas, mas só então evidenciadas no modelo, é o objetivo. Entende-se que são passos que se pode resumir em três etapas sucessivas: a reunião de variáveis, a formulação de hipóteses e a inferência da lei constitutiva e ledora do padrão de arranjo de espaço.

Não difere muito desse procedimento metodológico o da geografia acadêmica tornada dominante no pós-guerra. Aqui, a técnica da correlação cartográfica, não de variáveis matemáticas, é o princípio do método. E a técnica da classificação é o ponto-chave do processo. A correlação cartográfica supõe a recolha de dados de campo, o que pressupõe um sentido prévio de conteúdo. O que a taxonomia produz é o aspecto formal que o conteúdo, natural ou social, assume em cada recorte de espaço, a forma de um conteúdo que remete à diferenciação de modalidade de paisagem dos diferentes cantos da superfície terrestre.

Num como noutro caso, o processo do método consiste em selecionar os dados na *new geography*, fazendo-se em função do modelo quantitativo que se escolheu na conformidade da evidenciação do real-formal preestabelecido das hipóteses na geografia clássica em função da natureza das relações que servem de referência à confecção dos mapas temáticos e que, por intermédio da correlação cartográfica, verá seu conteúdo estrutural se evidenciar em seu grau de cadeia de causa-efeito. Por isso, na geografia clássica, a feitura do mapa é um ponto central dos procedimentos. Até porque o mapa é, não raro, por ela concebido como a própria forma de representação do real. Um aspecto desaparecido na *new geography*, em que o mapa é substituído por uma sucessão de tabelas e gráficos esotéricos que, ao fim e ao cabo, nem os quantitativos entendem. A estrutura relacional remete à formatação da paisagem. Razão porque da correlação produz-se a taxonomia. Uma vez feita a classificação, a ultimação nos mapas sintéticos é uma questão de técnica de síntese, enquanto um produto que se extrai do próprio processo da correlação, que consiste na superposição de mapas de temas específicos, como clima, vegetação, relevo, densidade demográfica e por cuja sobreposição e adequação de limites de demarcação progressiva se vai chegar à síntese territorial da paisagem. Processo de método que se repete nos mesmos termos para a demarcação do mapa da divisão regional. Troque-se o sentido de conteúdo de relações, de mapas expressivos de essência natural-social das paisagens e de tratamento teórico da geografia clássica e teremos a pobreza vegetativa da *new geography*.

O método variará, pois, entre elas como uma variação de teoria de geografia. O resultado final expressa, sobretudo, essa diferença de concepção. Enquanto para a geografia clássica a concepção é uma busca da totalidade entendida como a síntese dos elementos que todo natural-social encerra, para a *new geography* é uma busca de tipologias, uma totalidade restrita de variáveis, ditas significativas. Varia assim, também, o todo do alcance analítico. Se para a geografia clássica este é a escala da relação homem-meio no plano dos gêneros e dos modos de vida ou da região, para a *new geography* é o plano areal ou setorial do padrão-tipo. Isso traz uma diferença de escala e de padrão de complexidade. Só no nível da escala da região para um geógrafo vidaliano e da diferenciação de áreas para um geógrafo rettneriano a totalidade pode ser apreendida em toda a sua riqueza multivariada. Esse parâmetro pouco importa para a *new geography*, interessada apenas com o nível nomotético, a escala da totalidade sendo a lei governante, não a dimensão global da espacialidade. Para ela, a escala de espaço vale pelas variáveis significativas que o modelo analítico abrange, que pode ser um posto de gasolina. Mesmo assim os geógrafos regionais serão acusados de singularistas pelos quantitativos, com as olheiras presas nos modelos ideais puros.

A CONCEPÇÃO TRUNCADA DO TODO

A acusação deve-se a eles entenderem que a geografia clássica é uma ciência ideográfica, ou seja, a própria negação da cientificidade que só o perfil nomotético pode dar. E este é apresentado como a escolha da *new geography*.

Culpa-se o respeito desnecessário e prejudicial da presença seminal de Kant na fundação da geografia moderna. E a Ritter pela manutenção do sentido historicista com que impregna o modo geográfico de ver o real do mundo dos homens. Mas absolve-se Humboldt, justamente por entender-se que, ao emprestar sentido sistemático ao método geográfico, incluiu-se no universo das ciências nomotéticas.

No fundo, está em jogo a concepção do todo em geografia. E o modo de a ele chegar-se por intermédio do real-empírico. Para a geografia clássica de extração alemã, o todo se confunde com a integralidade da paisagem, o método morfológico partindo da forma. Esta é, por definição, uma categoria de síntese, nela e por meio dela se manifestando a unidade da diversidade dos componentes físicos e humanos da paisagem. Para a geografia clássica de extração francesa, a noção do todo ganha maior refinamento teórico com a região vidaliana, a singularidade, a identidade e a personalidade atuando como o ponto da coagulação, o conceito, não a forma empírica, portanto, vindo a oferecer-se como o caminho da chegada ao todo. Longe está desse parâmetro a noção abraçada pela *new geography*. Acusadora da geografia clássica de negação da busca da lei geográfica, seja no sentido do investimento teórico seja no da prática metodológica da análise dos padrões espaciais, assim, satisfazendo-se ser um holismo generalista e um idiografismo sem poder de fogo científico, a *new geography* opta pelo perfil magro de complexidade do padrão-tipo.

Falta o pé de apoio do salto da percepção sensível que transporte o olhar geográfico do imediato para o quadro de escala crescente de complexidade rumo à totalidade que se não se desliga do empírico. Seja essa totalidade a paisagem ou a região e seja o padrão-tipológico, importa saber ver como forma particular o holismo da universalidade, que *new geography* tanto vê e rejeita na geografia clássica, mas para empobrecê-la com o formalismo-quantitativo que abraça.

A QUESTÃO ESPACIAL

Foi por não saber dar esse salto que a fronteira da ideologia e da ciência ficou esbatida. Seja na forma da paisagem ou região seja na forma do padrão-tipo, o que se revela no problema do método é a crise da configuração teórica que leve à essencialidade manifestada no plano vivido da percepção, nessa versão dupla, uma mais rica e outra mais pobre de possibilidades.

Por uma evidente convergência, criticam a geografia regional tanto os quantitativos quanto Lacoste. Indaga-se do que ela pode dar conta. O fato é que, apresentada como a célula da pesquisa e do discurso geográfico por excelência, a região minimiza justamente o alcance da real totalidade. Cedo assim entendem-na os próprios vidalianos, que, numa crítica por dentro do vidalismo, afirmam antes haver regionalização que região na dinâmica real dos espaços. Lacoste é mais enfático ao chamá-la de um verdadeiro conceito-obstáculo. Obstáculo a preparar o salto da percepção à estrutura mais íntima da organização do espaço. Problema para o qual Lacoste oferece o conceito da espacialidade diferencial, a totalidade que vem do entrecruzamento de recortes de espaço, que ele designa de conjuntos espaciais, e que no todo se estrutura como um conjunto de diferenciados ângulos de mirantes, a paisagem vindo a ser o que revela a subjetividade do ângulo de nosso olhar. No fundo, um modo de antagonizar seja o regionalismo restritivo seja o quantitativismo estreito.

A GEOGRAFIA DOS HOMENS CONCRETOS

O real-concreto é o ponto no qual a percepção leva à geografia e esta pode se separar da ideologia pura e simples. Se ele é uma essencialidade diferente nas sociedades comunitárias do passado e nas sociedades capitalistas do presente, como vislumbrar uma geografia do real-concreto?

O HOMEM E AS SUAS FORMAS GEOGRÁFICAS

No capitalismo, o processo do trabalho define-se a partir do modo como os homens configuram entre si as forças produtivas, e a relação desses homens com a natureza a partir dessa configuração. Uma parte dos homens somente possui sua própria força de trabalho (os trabalhadores) e a outra parte possui o conjunto das condições materiais do trabalho (a burguesia). Esta clivagem dos homens a partir de dentro da propriedade das forças produtivas determina um processo de trabalho entre desiguais a favor dos detentores dos meios de produção. Determina, então, relações de produção polarizadas na contradição de suas principais classes sociais. Uma vez que as relações de produção são a base sobre a qual se ergue a sociedade, essa contradição de base atinge a relação dos homens entre si e com a natureza e torna-se uma contradição estrutural da sociedade inteira.

O centro geográfico do problema é a relação homem-meio. E a forma espacial como essa relação existe. A relação homem--meio sob o capitalismo apresenta-se antes de mais nada como contradição capital-trabalho. No plano abstrato, homens entram em relação com a natureza para a transformar em produtos. No plano real, o trabalho é um processo de produção/reprodução de mercadorias, por elas conterem em germe a reprodução ampliada do capital (acumulação de capital).

A existência de homens que só possuam sua própria força de trabalho explica-se por ser isso uma condição necessária do capitalismo. Para que o capitalismo seja um modo de produção de mercadorias e as mercadorias contenham em germe a acumulação de capital é condição necessária que a reprodução da existência humana esteja submetida a relações mercantis. Despojando o trabalhador do conjunto dos meios materiais de reprodução de sua existência, o capital retira-lhe toda possibilidade de acesso aos meios de subsistência de que necessita. Impõe-lhe a recorrência ao mercado. Impõe-lhe, com isso, que transforme sua força de trabalho em mercadoria: para obter os meios de subsistência, o trabalhador deve transformar sua força de trabalho em meios de compra (salário), vendendo aquela no mercado.

Em outros termos, o capital necessita operar radical separação entre o trabalhador e a natureza, desfazer violentamente seus vínculos orgânicos com ela e seus recursos e assim separá-los entre si.

Como a produção pressupõe homens e natureza, a transformação da força de trabalho em mercadoria repete-se com a natureza, então. O acesso à natureza e seus recursos deve passar pelas relações mercantis, uma vez que sua apropriação pelo capital implica a eliminação de sua gratuidade natural entre os próprios homens. A incorporação dos homens e da natureza ao circuito das mercadorias é a base sobre a qual nasce e se expande o capitalismo, como condição necessária e suficiente. Mas não é a mercadoria o objetivo do capital e sim a reprodução ampliada de si mesmo, em expansão permanente. A universalização da mercadoria, isto é, a transformação de tudo em mercadoria (homens e natureza em suas variadas formas) só é necessária porque a produção de mercadorias é o veículo da produção da mais-valia, e a realização desta (sua compra-venda) no lucro é o veículo da acumulação, o lucro que será reinjetado em novo ciclo de produção de mercadorias para a produção de mais mais-valia.

Sobre essa base, o capitalismo expandir-se-á em escala planetária.

HISTÓRIA E NATUREZA: A BASE DA GEOGRAFIA

Se considerado no seu plano mais geral, o espaço geográfico é o que Karl Marx (1818-1883) disse sobre o processo do trabalho: historicização da natureza e naturização da história. Para tal, o capital traz como sua condição necessária a subversão da geografia pré-capitalista, dando um conteúdo novo, capitalista, à relação homem-meio, que não é outra coisa que o processo do trabalho, dito de forma metabólica.

Desde o aparecimento do homem na face da Terra, diz Marx, história dos homens e história da natureza fundem-se e confundem-se num só e no mesmo plano. Em cada modo de produção, esse plano abstrato (abstrato porque genérico) ganha sua expressão concreta. Mas, só no modo de produção capitalista, esse é um plano de separação dicotômica, demarcando-se uma diferença nítida e profunda entre os modos pré-capitalista (sociedades naturais) e capitalista (sociedades históricas) de produção. Homem e natureza formam uma unidade orgânica, uma identidade, nas sociedades naturais, e entes organicamente distintos e separados nas sociedades históricas, para usarmos as expressões de Quaini.

SOCIEDADES NATURAIS *VERSUS* SOCIEDADES HISTÓRICAS

Nas sociedades naturais, assim chamadas porque a terra é o meio universal de trabalho, a comunidade é a forma de organização. E o caráter comunitário implica e impõe a unicidade orgânica entre o homem e a natureza como forma de relação. O ritmo do trabalho e da vida dos homens repete o ritmo da natureza. O espaço geográfico é o próprio espaço natural. A terra é a despensa primitiva e o arsenal primitivo. Trabalhando-a, tiram os homens seu sustento e as ferramentas com as quais produzirão meios de subsistência e instrumentos de trabalho novos. A natureza-terra é a condição da produção/reprodução das relações entre os homens. E o comunitarismo controla e vincula homem e natureza numa relação de recíproco pertencimento.

Nas sociedades capitalistas, esse vínculo é rompido. Separado o homem da natureza, o ritmo do trabalho e o ritmo dos homens passam a ser diferentes, o ritmo do capital unindo-os. Em consequência, homem e natureza entram em contradição, com o trabalho virando uma fonte de predação de ambos, fato que se aprofunda com o aumento da divisão capitalista de trabalho e sua internacionalização.

DICOTOMIA HOMEM-MEIO: DIVISÃO E ALIENAÇÃO DO TRABALHO

Nascendo das entranhas da dissolução das sociedades naturais, o capital opera a passagem do estado da identidade orgânica para o da contradição, da identificação para o da degradação ambiental, do pertencimento para o da alienação.

Perseguindo a elevação da produtividade e a baixa de custo da produção como forma de elevação da taxa da acumulação, o capital aumenta a extensão da dicotomia entre o homem e a natureza, ampliando-a como base da alienação do trabalho com a separação entre produtores e produtos, trabalho intelectual e trabalho manual, trabalho de direção e trabalho de execução, tomando o aprofundamento da divisão do trabalho como eixo. Breve a rede da alienação do trabalho se irradia para todas as instâncias da sociedade capitalista: aliena-se o homem da natureza, dos produtos, do saber, do poder e dos próprios homens. A alienação generalizada torna-se a base de todo o sistema. Se o poder sobre os homens nas sociedades naturais passa pelo controle comunitário da terra, sob o capital passa ele pela alienação geral do trabalho. Quanto mais a alienação integraliza-se na sociedade, mais se consolida o poder do capital sobre o conjunto da sociedade.

É quando, partindo da produção no mundo prático do espaço

do trabalho, a ideologia intervém, tomando como elementos de evidência as evidências empíricas do universo da percepção. Será preciso conferir uma "naturalidade" às relações capitalistas de trabalho, fazer a estratégia de "dividir para reinar" chegar à consciência dos homens como relação normal, mas, sobretudo, dar-lhe uma elevada eficácia econômica.

E é quando a geografia assimila e se torna um veículo do "modo capitalista de pensar", na forma da geografia acadêmica. Dá, assim, para se perceber que a dicotomia "geografia física *versus* geografia humana", e as outras tantas dicotomias que tornam a geografia a reprodução mais completa do discurso do capital, é, a um só tempo, estrutural e ideológica.

Ideologizando o mundo da percepção, o modo capitalista de pensar acaba por virar a própria argamassa da sociedade moderna. Com ela, a racionalidade do capital conferida pela elevação da eficácia do trabalho mergulha ainda mais fundo o conteúdo alienado da relação homem-meio. É assim que nunca na sua história os homens estiveram tão apartados da natureza, mas nunca mais com ela são vistos como naturalmente desincorporados.

ALIENAÇÃO E ONTOLOGIA

A alienação é assim a forma ontológica do homem no capitalismo. O contraponto da ontologia do homem comunitário.

É a necessidade de comer, vestir, proteger-se e incorporar graus crescentes de conforto à sua existência que impele os homens ao trabalho. E o fato de serem os próprios homens que resolvem essas necessidades é o que faz que o progresso humano seja o fruto do trabalho. É o consenso popular, o consenso da percepção, que reconhece no processo do trabalho a viga que sustenta a evolução e a revolução humana. No plano abstrato, esse processo pode ser compreendido como transformação da natureza em formas novas de meios de vida, mais conformes com a utilidade requerida. Assim, a natureza fornece o trigo, mas o homem o quer na forma do pão. Com o seu trabalho, produz o trigo e o transforma em pão. Na sociedade não se conhece o plano abstrato, porque ela mesma é concretude histórica. Aprofundemos, todavia, esse plano abstrato.

A natureza apresenta-se aos nossos olhos sob distintas formas e se simplificam em duas: a primeira natureza (a natureza natural) e a segunda natureza (a natureza socializada). No plano abstrato de que estamos falando, o processo do trabalho passa-se como a transformação da primeira natureza em segunda, isto é, sua socialização. O que é forma natural nesse momento, logo adiante é transmutada em uma forma social. A natureza, prenhe de trabalho, historiciza-se, vira parte da história dos homens. Todavia, a primeira natureza transforma-se em segunda, mas não desaparece: a segunda continua sendo a primeira, sob outra forma.

Pressuposto da natureza, por isso mesmo esse processo é o pressuposto do homem. O homem é ele próprio natureza e história: natureza hominizada. A transformação da natureza pelo trabalho é também autotransformação do próprio homem, o homem transformando-se a si mesmo no mesmo momento em que transforma a natureza por intermédio do seu trabalho, hominizando-se junto à hominização da natureza. Fato cuja decorrência é ser ele o sujeito e o objeto de sua própria história. O homem naturiza-se historicizando a natureza e historiciza-se naturizando a história, em suma. Por isso, dialeticamente, quanto mais o homem cresce em poder com o desenvolvimento científico e técnico sobre a natureza, mais ele, em tese, dela se liberta e ao mesmo tempo mais com ela se funde.

Tal como ocorre com o todo da natureza, na natureza socializada, que é o homem, não desaparece a natureza primeira. Antes, muda nele a forma-natureza para a forma-social. Realcemos esse ponto. O processo de historicização da natureza é o próprio processo histórico de formação da sociedade. No seu plano abstrato, a história do homem (história da conversão das formas naturais em formas sociais) pode ser entendida como a história da transformação permanente e continuamente ampliada da natureza em sociedade. Frequentemente nos esquecemos de que o pão que comemos, a roupa que vestimos, o prédio que habitamos, o carro que dirigimos, as pessoas que amamos, são formas socializadas, historicizadas, da natureza. De outra feita, igualmente nos esquecemos de que, a partir de um certo momento na história, socializamos a natureza utilizando a própria natureza socializada. As máquinas e as construções, que são elas mesmas segunda natureza, tornam-se de novo primeira natureza toda vez que as reincorporamos ao ciclo infatigavelmente repetitivo de transformação da natureza, isto é, de trabalho.

Assim, a natureza está no homem e o homem está na natureza, porque o homem é produto da história natural e a natureza é condição ontológica, então, da existência humana. Mas como é o trabalho que está verdadeiramente tecendo a dialética da história, é ele que faz o homem estar na natureza e a natureza estar no homem, segundo forma sempre nova. E o trabalho pode ser essa dialética porque ele não é mais do que um intercâmbio de matéria entre o homem e a natureza, processo que, ao tempo que funde o homem com a natureza, os recria.

O homem é o único animal que se autorreproduz com consciência. A alienação capitalista é exatamente a sua quebra.

O CONTEÚDO CAPITALISTA
DA NATUREZASOCIALIZADA

A produção/reprodução da existência humana que está no centro da motivação dos homens ao trabalho é um processo que se move segundo as regras da natureza das relações de produção. O modo de produção do capitalismo tem uma forma própria de fazer isso.

Sob o capitalismo, o trabalho define-se como processo de produção de mercadorias e os homens não comem, não se vestem e não habitam se não entram no mundo colorido das mercadorias. E a porta de entrada é a sua incorporação como força de trabalho ao circuito mercantil. O conjunto dos meios de produção, nele se incluindo a natureza, e por extensão os próprios produtos, pertence ao capitalista. Como a apropriação das condições materiais do trabalho não é um fim em si, mas um expediente do capital para submeter aos seus interesses de ampliação a natureza e o conjunto dos homens, e como sem a força de trabalho não há produção de mercadorias, o capitalista está sempre interessado em comprar essa mercadoria especial no mercado. Especial porque só a força de trabalho pode pôr em movimento os meios de produção e gerar mercadorias.

É então já apropriado pelo capital que o trabalhador ver-se-á reencontrado no capitalismo com a natureza. Mas como estranhos que reciprocamente não se reconhecem. Pudera, o homem que está entrando em relação com a natureza (tanto faz sua forma, se primeira ou segunda natureza) é um homem cativo. Um homem sujeito-objeto do trabalho alienado. A subsistência, elo da vida tornada elo do cativeiro, vira subexistência. Nada tem a ver com a reprodução de vida. O trabalho, instrumento de libertação da dependência material, virou um carcereiro. Nada nesse homem lembra-nos aquele do qual falamos linhas atrás, aquele da ontologia comunitária.

Que conteúdo histórico tem a relação homem-meio em outro contexto de relações de produção, por exemplo, no modo mercantil simples?

Aqui, os homens produtores são os donos das forças produtivas como um todo, de sua força de trabalho, como de suas condições materiais de trabalho. Produz-se valores de uso, não valores de troca (mercadorias), que suprirão as necessidades familiares em primeira instância. As sobras são postas no mercado. A existência realiza-se sob essa forma autonomizada.

Onde está a concretude entre esses dois modos de produção? Nas suas formas historicamente diferenciadas de existência; na relação visivelmente distinta com as condições materiais de existência; na forma específica da ligação orgânica entre homem e natureza; na natureza de posse do produto do trabalho; na articularidade das relações de conjunto. Nas diferenças espaço-formais da organização geográfica de suas sociedades, em suma.

O ESPAÇO: A FORMA E A ESSÊNCIA DO CONCRETO-GEOGRÁFICO

O processo do trabalho tem a sua materialidade em formas que ao mesmo tempo que dele derivam a ele revertem, e são geradas com esse fim. Em se tratando da geografia, esta materialidade dialeticamente articulada ao processo do trabalho é o espaço geográfico. Espaço e trabalho estão numa relação de aparência e essência: o espaço geográfico é a aparência de que o processo historicamente concreto do trabalho (a relação homem-meio concreta) é a essência. Vejamos isso.

O ESPAÇO GEOGRÁFICO

O espaço geográfico é a materialidade do processo do trabalho. É a relação homem-meio na sua expressão historicamente concreta. É a natureza, mas a natureza em seu vaivém dialético: ora a primeira natureza que se transforma em segunda, ora mais adiante a segunda que reverte em primeira, para mais além voltar a ser segunda. É a história em seu devir perpétuo. História na sua expressão concreta de dada sociedade. E espaço como resultante/determinante dessas relações. Esclareçamos.

O espaço geográfico é o metabolismo homem-meio do trabalho em seu estado de concreto-organizado. Assim como o processo do trabalho materializa-se na máquina, para tomar a máquina como base de apoio a ponto de daí para diante não mais poder realizar-se sem ela, assim também é ele em relação ao espaço. Só que como escala de organização: uma vez que o processo de trabalho implica organização, organiza-se espacialmente. Daí podermos dizer que o espaço geográfico é a materialidade histórico-concreta do processo do trabalho. O trabalho estruturado na forma organizacional que orienta sua reprodutibilidade, garantindo o estado que necessita ter de repetir-se como movimento produtivo de modo contínuo e indefinidamente. Porque produção é reprodução. E, assim como a máquina, o espaço é condição de reprodução.

Em qualquer forma de sociedade, o processo do trabalho é a transformação da natureza em produtos úteis aos homens. Produzem-se meios de subsistência e meios de produção que se destinam a reproduzir homens vivos. Parte da produção é destinada ao consumo humano e parte é reintroduzida no ciclo produtivo seguinte. Assim como os grãos do trigo, que em parte são transformados em pão e em parte permanecem como sementes destinadas a novo plantio. No fundo, todos os frutos do trabalho cedo ou tarde irão ser consumidos, uma vez que a segunda parte será destinada a um "consumo produtivo", arrumada e retida como "condição de reprodução". Assim, as sementes do trigo. Mas entre as "condições de reprodução" encontra-se também a "natureza natural", que não se origina do trabalho de ninguém; no entanto, sem ela não há produção.

O que é geografia 73

A reprodução é feita nessa referência de organização, em que a dinâmica produtivo-reprodutiva fica na dependência da natureza e qualidade das condições materiais do trabalho, a exemplo da qualidade e quantidade de recursos naturais ou da qualidade e quantidade de homens. Mas, sobretudo, do nível do desenvolvimento dessas forças produtivas. Quanto mais alto o nível e a forma de organização das forças produtivas, maior a capacidade dos homens de extraírem produtos da natureza com o seu trabalho.

O espaço geográfico é esse quadro de organização, onde os meios de produção se dispõem na distribuição territorial adequada à reprodução e encarnam a própria forma como a segunda natureza se modeliza como condição de produção. O exemplo mais típico é a divisão territorial do trabalho, onde o arranjo do espaço organiza e orienta todo o movimento reprodutivo da relação do homem com a natureza num processo metabólico de intercâmbio de forças e mudanças de forma.

ESPAÇO E ACUMULAÇÃO

O espaço é assim uma instância que entra nesse movimento como determinado-determinante. Produzido pelo trabalho, a ele volta como esquema de reprodução. Essencialmente primeira natureza nas sociedades naturais. Segunda que também é primeira natureza nas sociedades de alto nível de desenvolvimento das forças produtivas. Materialidade de toda uma história acumulada na forma de infraestrutura, que em retorno garante a continuidade da história como processo crescente de acumulação.

Quando a reprodução se dá sempre nas mesmas proporções, ela é simples. Quando a reprodução se dá em proporções sucessivamente ampliadas, ela é reprodução ampliada. Só há acumulação quando a reprodução é ampliada. A reprodução simples é praticamente um caso teórico, a necessidade do progresso humano dando à reprodução ampliada o seu caráter de concretude.

É como concreto-acumulado que o espaço geográfico tem peso relevante no processo da reprodução. Seja ele simples ou ampliado. Sua estrutura será tanto mais complexa quanto mais integre uma reprodução ampliada. E quanto mais complexa sua estrutura mais efeito determinante exerce na história das sociedades.

ESPAÇO E SOCIEDADE

Uma vez que a história dos homens é a história dos homens e dos espaços geográficos concretos, vemos no espaço a própria história. Posto à base da sociedade, o espaço a comanda em sua reprodutibilidade por inteiro. Com isso, revela-se um esplêndido recurso de "leitura" da sua estrutura e movimentos. Leitura que invariavelmente será feita pelos óculos de quem a faz: "óculos empíricos" ou "óculos dialéticos". Sob a forma de fábricas, plantações, estradas, construções, fluxos de produção e homens, o espaço geográfico revela, como numa fotografia, o processo do trabalho. Sob a forma da densificação das fábricas, plantações, estradas, construções e fluxos revela, como um construto, os termos e a natureza da acumulação.

O *que é geografia*

Produto histórico e tendo, por conseguinte um conteúdo histórico, o espaço é, assim, a própria sociedade. Não é, então, o lugar onde a sociedade se aloja, como uma cidade encravada no fundo de um vale, uma vez que a história dos homens ocorre na superfície da Terra. Também não é como um reflexo da sociedade e da história. Não é receptáculo ou espelho. O espaço é a sociedade pelo simples fato de que os homens produzem sua existência produzindo o espaço. É a sociedade porque é condição de existência dos homens na história.

O fato é que espaço é o tempo histórico real. Não o tempo-data. A noção kantiana de tempo como lugar da história e de espaço como lugar da geografia, promovendo a separação entre tempo e espaço e entre história e geografia, é uma ambiguidade que levou Michel Foucault a designá-lo de um espaço congelado. Ora, assim como tempo histórico não é o tempo do relógio (tempo-data, tempo sideral), o espaço geográfico não é o espaço das coordenadas geográficas. Embora a história embuta-se no calendário e o espaço geográfico embuta-se na rede de coordenadas (latitude e longitude), tempo e espaço são estruturas da história. Propriedades dessa matéria chamada realidade social. E são esses o conteúdo.

E qual é o conteúdo? O conteúdo comunitário nas sociedades naturais. O conteúdo de classes nas sociedades socialmente estratificadas em classes, como na sociedade capitalista, o espaço guardando em sua essência os conflitos que jogam em embate suas classes contraditórias.

ESPAÇO E LUTAS DE CLASSES

Numa sociedade estruturada em classes, a exemplo da sociedade capitalista, o espaço tem por conteúdo as relações entre essas classes, que organizam seus modos de vida.

Espaço da existência dos homens, numa sociedade dividida em classes sociais, o espaço geográfico traz essa estrutura estampada em suas divisões e em seus arranjos. Um fato que a paisagem se encarrega de revelar, no visual de uma favela, de um bairro operário ou de classe média.

Assim, a estrutura de classes da sociedade traduz-se como um espaço estruturado em classes, cada classe social se definindo por seu espaço próprio de existência. Mesmo onde os estratos entrecruzam-se, as diferenciações de classes são espacialmente visíveis. A corriqueira expressão "ponha-se no seu lugar" com que o dominante refere-se ao dominado numa sociedade de classes tem clara significação espacial.

Mas o próprio caráter de dominante-dominado contido na metáfora espacial "ponha-se no seu lugar" revela que, antes de uma diferenciação, a estrutura de classes tem uma base mais profunda na economia política vigente, manifesta na economia política do espaço.

Como as lutas entre as classes exprimem-se como correlação de forças, que pode evoluir na direção da transformação das estruturas vigentes ou no sentido de mais ainda reafirmá-la, as classes em luta tudo fazem para trazer para si o papel de força orgânica do espaço, num confronto de espaço e contraespaço.

Situemos essa teorização nas condições concretas do espaço capitalista.

O ESPAÇO DO CAPITAL

Visto na sua aparência, o modo capitalista de produção é um modo de produção de mercadorias. A produção da mercadoria, contudo, mascara a produção da mais-valia. Visto na sua aparência, apresenta-se como um modo de produção movido pelo interesse do lucro. Mas o lucro é a mera forma que assume a mais-valia após a sua realização no lucro na forma de dinheiro. A mercadoria, o lucro e o dinheiro são as aparências que assume a mais-valia.

O trabalho produz mais-valia que produz mercadorias. A mercadoria, pela sua venda, gera a transformação da mais-valia nela contida em lucro. O lucro se expressa em forma monetária e o dinheiro fecha um ciclo para abrir outro. A mais-valia na sua expressão monetária será reinjetada na produção (na forma de compra suplementar de força de trabalho, objeto e meios de trabalho), para geração de mais mais-valia. Reproduzir-se-á em escala ampliada o ciclo da reprodução do capital. Essa é a dialética do capital, seu móvel e objetivo: a acumulação de capital.

O espaço é produto e produtor desse movimento.

O ESPAÇO DA PRODUÇÃO DE MAIS-VALIA

O despojamento do homem do conjunto dos meios materiais de existência quando da dissolução das sociedades comunitárias na sociedade capitalista, que vimos, não visa torná-lo uma mercadoria para torná-lo consumidor de mercadoria, mas submetê-lo à produção de mais-valia para a acumulação do capital, coisa que não faria se ele pudesse obter seus meios de subsistência com meios próprios de trabalho. Para o capital, os homens só existem enquanto homens para o capital. O trabalho só é produtivo se for trabalho produtor de mais-valia. Trabalho que não gera mais-valia é trabalho improdutivo.

A mais-valia é o trabalho não pago, o trabalho que excede ao equivalente ao valor da reprodução do trabalhador e pago como salário. Expliquemos. Suponhamos um tempo de trabalho de oito horas/dia. Nessas oito horas, o proletário deverá produzir mercadorias. Numa parte da jornada do trabalho o proletário produzirá uma quantidade de mercadorias que, se posta à venda, iguala o montante do seu salário. Digamos quatro horas. Nas quatro horas restantes, produzirá uma quantidade que excede o montante do salário que acabou de reproduzir, da qual o capital se apropria. É a mais-valia. Ao vender a totalidade das mercadorias que o proletário produziu na jornada de oito horas, o capitalista terá de volta as despesas havidas com a produção e uma quantidade suplementar de dinheiro, o seu lucro, que é a mais-valia transformada no dinheiro adicional. Com esse dinheiro suplementar o capitalista compra força de trabalho e meios de produção suplementares, para obter a reprodução ampliada do capital em caráter permanente.

O salário é, assim, o pagamento parcial da jornada de trabalho do operário e com o qual este se suprirá no mercado dos meios de subsistência de que necessita para se reproduzir como homem vivo. O salário é o preço da reprodução de sua existência. Para que seu nível fique sempre nos limites da subsistência o capital cria nas cidades um "exército industrial de reserva". Com isso, o salário torna-se meramente o preço da reprodução da força de trabalho do operário, que se tornará eterno vendedor dela. Para elevar o nível salarial, o operário tem de se apropriar de parte do trabalho excedente na forma de mais salário. E é em torno da busca desse aumento que irão se dar os primeiros choques entre capital e trabalho.

Para produzir mais-valia, garantir sua apropriação e realizá-la, o capital cria o espaço geográfico apropriado: o espaço do capital. A chave da organização desse espaço é a divisão territorial do trabalho.

Todos temos a imagem da cena do filme *Tempos modernos* em que Carlitos aparece em ritmo alucinante de trabalho, apertando com uma chave-inglesa porcas de peças combinadas que passam à sua frente sobre uma esteira rolante. O endoidamento de Carlitos manifesta a rebeldia do trabalhador à alienação extrema de seu trabalho. Carlitos-operário é parte de uma engrenagem monstruosamente maior que seu trabalho segmentado. A mesma cena mostrada em escala ampliada dimensiona uma divisão fabril de trabalho de que Carlitos é parcela insignificante. Embora o perceba, escapa-lhe por completo o domínio do conjunto dos meios de produção, do saber e do poder.

A espacialização da divisão fabril de trabalho, dentro da fábrica ou na escala do sistema industrial, acompanha o nascimento e expansão do capitalismo moderno. O capitalismo nasce destruindo a pequena produção artesanal e camponesa, para concentrar a produção e os homens na manufatura, que mais tarde será destruída para dar lugar a um espaço ainda mais centralizado e concentrado. E a uma divisão territorial capitalista de trabalho ainda mais densa e ampliada, aumentando a relação de determinação da economia política do espaço. O espaço do capital é, assim, a um só tempo uma relação econômica e de poder. Economia e política. O poder econômico que o capitalista exerce sobre sua fábrica e que prescreve como mando político sobre o todo da sociedade.

O ESPAÇO DA REALIZAÇÃO DA MAIS-VALIA

A mais-valia não se converte em lucros e em acumulação de capital sem a venda da mercadoria. Para que haja acumulação, o capital deve colar a esfera da produção com a esfera da circulação.

O interesse do capitalista individual extrapola, então, o controle exclusivo de sua fábrica, e junta-se ao interesse do coletivo dos capitalistas. O espaço do capital extrapola o espaço fabril e torna-se agora o espaço ilimitado das trocas no mercado. Pode ser seu limite o mercado circunvizinho, o mercado regional, o mercado nacional ou o mercado mundial. Mas, se para o coletivo dos capitalistas o nível da relação com os trabalhadores é um espaço político no qual impera o consenso, o nível da circulação é o do enfrentamento pelo mercado.

DO ESPAÇO DA MAIS-VALIA ABSOLUTA AO DA MAIS-VALIA RELATIVA

As dimensões orgânicas do poder no plano da colagem da esfera individual da fábrica com o conjunto da esfera da circulação mobiliza e envolve a presença do Estado, cuja interferência amplifica a escala da transformação em poder político do poder da economia. Um quadro que varia espacialmente segundo o estágio do desenvolvimento histórico do capitalismo na fase da mais-valia absoluta e na fase da mais-valia relativa. Isso é também espacialmente visível.

A fase do desenvolvimento do capitalismo que tem a mais-valia absoluta como forma de mais-valia caracteriza-se pela separação e progressiva fusão dos espaços de produção e de apropriação da mais-valia. Enquanto a mais-valia for um excedente gerado dentro da pequena produção mercantil (produção doméstica e artesanal), o espaço de produção e o de circulação estarão dissociados. O capital mercantil é um dado externo ao processo produtivo e captura o excedente pelos mecanismos indiretos da circulação. A acumulação monetária que se desenvolve por meio dessa subsunção formal (da hegemonia indireta do capital mercantil sobre a produção), entretanto, cedo dará origem à manufatura, vinda da destruição paulatina da pequena produção. Com a manufatura, um número considerável de trabalhadores reúne-se em um mesmo espaço e sob o controle direto do capital recém-nascido: o capital industrial. A manufatura marca, então, o início da passagem para a fase do controle direto do capital (industrial) sobre a produção (subsunção real), quando o espaço de produção e o espaço de circulação da mais-valia fundem-se num só, que virá mais à frente com a Revolução Industrial. Entretanto, enquanto coexistirem no sistema produtivo a produção manufatureira e a pequena produção mercantil, o controle do capital sobre o conjunto da sociedade não será ainda integral. E este somente surge com o aparecimento da mais-valia relativa.

A pressão do proletariado por melhores condições de vida e de trabalho e a competição entre os capitalistas pelo mercado são duas frentes de lutas de classes que empurrarão o capitalismo nesse rumo. Sob essa dupla pressão, cada capitalista individual buscará forçar a produtividade do trabalho mais para o alto. Mas há um limite, ainda não transposto, para que essa elevação se torne contínua e acelerada: a insuficiência do nível das forças produtivas capitalistas. Essa barreira será derrubada com o salto qualitativo que ocorre na divisão de trabalho com o surgimento do setor de produção dos meios de produção. O capital forja o surgimento das forças produtivas capitalistas, que os historiadores registram como revolução industrial, em que a produtividade do trabalho sobe para o conjunto da sociedade, uma vez que os meios de produção acabarão saindo do sistema fabril, espargindo-se sobre todo o sistema produtor da sociedade, isto é, na direção da agricultura e dos espaços ainda situados fora do circuito mercantil capitalista. Para forjar essa difusão, o capital promoverá a separação dos pequenos produtores dos seus meios de produção. A expropriação de terras ao campesinato torna-se vertical e a sua proletarização horizontal sobre o espaço. O acelerado crescimento econômico que agilizará esse processo de expansão das relações capitalistas sobre o espaço, desvinculando organicamente o homem de seus laços com as condições materiais de trabalho, expropriando a terra ao campesinato e os meios de produção aos artesãos, força a concentração dos homens na fortaleza do capital: a cidade. O espaço concentrado que se inicia com a destruição da pequena produção pela manufatura agora se completa. Os campos se despovoam e as cidades engordam e se multiplicam.

Da fase da mais-valia absoluta à fase da mais-valia relativa, o que se tem é a integralização da hegemonia do capital sobre os homens e a natureza, sobre todos os homens e sobre a superfície da Terra. O arranjo espacial em crescente densificação de capital fixo, isto é, instalações fabris, usinas de energia, vias de transportes e comunicações, equipamentos produtivos de todos os tipos, ou em crescente densificação de fluxos de capital constante, isto é, força de trabalho e matérias-primas, é a pura expressão empírica do espaço do capital.

ESPAÇO DO MONOPÓLIO: A GEOGRAFIA DA "LEI TENDENCIAL"

Do aprofundamento da divisão do trabalho resulta o surgimento das forças produtivas capitalistas. Ao atingir essa etapa, o capital amplia sua base material, mas dilata o âmbito de suas próprias contradições estruturais. Assim, o crescimento pedirá mais crescimento como forma de contrarrestar o grau ampliado das tensões. O capitalismo precisará crescer para além de suas fronteiras e seus níveis qualitativos.

No plano do processo do trabalho, a expansão capitalista traduz-se como elevação constante da composição orgânica do capital, isto é, um aumento em ritmo maior de emprego de máquinas que o ritmo de emprego de operários. Uma vez que a mais-valia é a origem do lucro e que é o operário e não a máquina quem produz mais-valia, tende a haver um declínio contínuo da taxa de lucro.

Isso não ocorre devido ao processo que gera a tendência de queda produzir junto a ela suas próprias formas de contratendência. Uma delas é a concentração da produção em caráter monopolista; uma segunda é a fusão dos monopólios industriais e bancários que promove o nascimento do capital financeiro; uma terceira é a exportação de capitais de que é ilustrativa a expansão ferroviária em escala mundial; uma quarta é a integração da produção agrícola à industrial que força para baixo a reprodução da força de trabalho (mais-valia relativa) e para cima a taxa da mais-valia; uma quinta é a deterioração da qualidade do produto para acelerar a velocidade das trocas; uma sexta é a expansão do circuito mercantil para a periferia do capitalismo; uma sétima é a socialização via ação do Estado das despesas de inversão em capital fixo.

É quando o capitalismo passa da fase concorrencial para a fase monopolista, entrando na fase imperialista.

ESPAÇO E PODER

O controle político do espaço geográfico, elemento-chave em todas as fases do capitalismo, para enquadrar a produção da mais-valia, garantir o controle de sua apropriação e promover sua realização no lucro assume sob o capitalismo monopolista importância crucial. Assim, vemos nascer os espaços cativos do tipo de organismos que reúnem o empresariado em nível mundial, com a função de fazer seus acertos globais. Organismos que são uma reedição para o presente daqueles que existiam no tempo das sociedades de geografia do passado.

O melhor exemplo é o Fórum Econômico Mundial, o organismo que reúne regularmente todo ano as 200 maiores empresas monopolistas mundiais, com a função de regular as relações internacionais e evitar os desacertos do passado.

Do controle monopolista do espaço deriva o controle econômico e político das relações internacionais e a garantia da acumulação monopolista ante as disputas de mercado entre os próprios grupos monopolistas e ante o movimento operário que volta e meia ensaia recriar a Internacional dos Trabalhadores, faz tempo dissolvida, e, assim, a globalização que amplifica o caráter político do espaço geográfico.

A globalização do capital fecha o longo ciclo que se inicia com a criação das manufaturas, se desdobra na revolução industrial, passa pela fase do expansionismo e das duas grandes guerras que provoca e culmina com a dominação do mundo por um punhado de empresas transnacionais.

VI
A GEOGRAFIA: O QUE É, PARA QUE SERVE E A QUEM SERVE

Monopolista sobre o espaço geográfico, o capital controla os homens e a natureza, para os tornar homens e natureza para o capital em escala global. Mediando a relação homem-meio e crescendo sobre ela, o capital assim tece a geografia dos homens concretos de nosso tempo histórico.

É uma geografia da alienação, que degrada o homem e a natureza, exprimindo suas contradições como crise ecológica, crise energética, crise alimentar, crise ética, segregação espacial, manipulação da democracia, obsoletismo planejado. E na busca de equacioná-las mais aumenta a escassez, para forjar necessidades novas e renovar as necessidades velhas, subordinando a existência dos homens e os movimentos da natureza ao circuito generalizado das mercadorias.

O fato é que o capital nasce na história subvertendo o modo de vida comunitário dos homens, à base da dissolução das suas relações para as reconstruir dependentes do seu mundo mercantil. Assim, alienada, a existência humana reproduz-se ao ritmo da reprodução do capital. A mercantilização do verde, do lazer e do ar puro, obtida em diferentes escalas de pedaços de espaço e oferecida sob alardes propagandísticos como a venda de qualidade de vida, ilustra o grau de separação do homem e da natureza a que levou.

A GEOGRAFIA DA ALIENAÇÃO

Nesse mister, o comportamento humano individualiza-se e a individualização atinge os homens nas classes sociais em que o parasitismo do capital mais se encontra mergulhado. Nessas classes sociais, o indivíduo sente-se sob um isolamento crescente em sua relação com os outros indivíduos. E a unidade dos homens rebenta no justo momento em que as aglomerações urbanas praticamente extinguiram as distâncias físicas e em que o aprofundamento da divisão territorial do trabalho mais os torna interdependentes.

A estratégia do capital de quebrar os vínculos orgânicos para reinar intensifica-se no espaço do monopólio. O espaço geográfico construído pelo capital monopolista dimensiona a alienação do trabalho e do homem numa escala de percepção à escala da bola planetária. Os rótulos dos *outdoors* tornam-se os mesmos em todos os cantos. E a televisão transporta as imagens simultaneamente de um canto para outro, dando-nos a medida da padronização do consumo e dos comportamentos. Já não exis-

tem notícias e acontecimentos de isolamento local. O espaço-
-rede os impede.

A GEOGRAFIA DA DESALIENAÇÃO

Mas a geografia que aliena é a mesma que denuncia a alienação. Servindo à estratégia da alienação humana a geografia é
bem a medida da sua compreensão. E o ponto de partida do seu
contraponto no rumo oposto são as próprias práticas espaciais
e a percepção que a acompanham. É o que mostra o poema de
Vinicius de Moraes *O operário em construção*, quando o operário é tocado pela conscientização da materialidade do seu trabalho nos objetos espaciais do seu espaço vivido:

Mas ele desconhecia
Esse fato extraordinário:
Que o operário faz a coisa
E a coisa faz o operário.
De forma que, certo dia
À mesa, ao cortar o pão
O operário foi tomado
De uma súbita emoção
Ao constatar assombrado
Que tudo naquela mesa
– Garrafa, prato, facão –

Era ele quem os fazia
Ele, um humilde operário,
Um operário em construção.
Olhou em torno: gamela,
Banco, enxerga, caldeirão,
Vidro, parede, janela,
Casa, cidade, nação!
Tudo, tudo o que existia
Era ele quem fazia
Um operário que sabia
Exercer a profissão.

O operário em construção, o humilde peão de obras, reencontra-se em seu trabalho e, como num passe de mágica, "salta pra dentro da vida", como em *Morte e vida Severina*, de João Cabral de Melo Neto, acontece todos os dias nos mocambos do Recife. Da materialidade do trabalho, nasce a consciência operária:

> *E dentro da tarde mansa*
> *Agigantou-se a razão*
> *De um homem pobre e esquecido*
> *Razão porém que fizera*
> *Em operário construído*
> *O operário em construção.*

Aquela paisagem que o operário de Vinicius vivenciara todos os dias revelara-se algo de fantástico para ele perante a escala da descoberta da origem do que via em si mesmo em sua própria prática espacial. Subitamente, o prato vira "casa, cidade, nação". E reúnem-se na sua cabeça todas as partes estrategicamente separadas de sua imediata percepção pelo capital para aliená-lo dos frutos do seu trabalho. O todo desintegrado reintegra-se em toda sua inteireza dialética de escala na cabeça do operário pelo fio condutor do seu trabalho. O itinerário do prato à nação, do singular da percepção ao universal do pensamento, repõe-lhe ao nível da consciência de operário a unidade orgânica do trabalho manual e do trabalho intelectual, do trabalho de execução e do trabalho de direção, em suma do homem e da natureza.

E está dado na consciência operária o passo para a reconstrução. Se é do trabalho que nascem pão, garrafa, prato, facão, gamela, banco, enxerga, caldeirão, vidro, janela, casa, cidade, nação, nasce também a possibilidade do seu poder sobre o patrão. Mas a reunificação do saber e do poder espacial nas mãos de quem os produz é a condição necessária à retotalização orgânica de todos os homens, rumo à realização do "problema da vida e da felicidade" como o proclamava Estrabão.

A que, então, se dê o salto mais alto do operário em construção para uma sociedade sem dominantes e sem dominados e construída por ele para ele mesmo. De uma geografia de homens para o capital para uma geografia dos homens para si mesmos. A geografia é a medida dos homens concretos. Mas se são os homens que fazem a geografia, podem eles, pois, fazê-la para eles mesmos.

INDICAÇÕES PARA LEITURA

O pensamento geográfico vive um período de grande liberação da imagem que por tanto tempo isolou a geografia "dos homens profundamente interessados no grande problema da vida e da felicidade" com que o grego Estrabão a identificava ao criá-la no século I. Alguns livros contam essa história. Outros tecem a crítica dos seus fundamentos. E outros mais tentam resgatá-la do fundo do seu esquecimento. Uma referência para o estudo das sociedades de geografia é *Filosofía y ciência en la geografía contemporânea*, de Horário Capel, da editora Barcanova, Madri, 1981, que dedica toda a segunda parte ao tema. O leitor encontra um detalhado estudo da história geral da evolução da geografia desde a Antiguidade até os dias contemporâneos em *Los horizontes de la geografia*, de José Ortega

Valcárcel, da Editorial Ariel, Barcelona, 2000. A melhor crítica dos fundamentos epistemológicos da geografia ainda é *A geografia – isso serve, antes de mais para fazer a guerra*, de Yves Lacoste, publicação brasileira da Editora Papirus, São Paulo, 1988. Há uma excelente edição resumida, *A geografia*, publicada no volume 7, A filosofia das ciências sociais, de *História da filosofia, ideias, doutrinas*, organizado por François Chatelet, publicação da Zahar Editores, Rio de Janeiro, 1974. Sempre será útil o conjunto de estudos de assuntos de questões teóricas arrolados criticamente em *Propósitos e natureza da geografia*, de Richard Hartshorne, da Hucitec/Edusp, São Paulo, 1978. Bem como o que pode ser tomado por sua atualização para o momento presente que encontramos em *Geografias pós-modernas – a reafirmação do espaço na teoria social crítica*, de Edward W. Soja, publicado por Jorge Zahar Editor, Rio de Janeiro, 1993. O tema da economia política do espaço é tratado na coletânea *A produção capitalista do espaço*, de David Harvey, da Annablume Editora, São Paulo, 2005. Por fim, o leitor vai poder aprofundar a temática aqui tratada em *Para onde vai o pensamento geográfico?*, 2006, e na trilogia *O pensamento geográfico brasileiro*, 2007-2008, ambos de nossa autoria, publicação da Editora Contexto, São Paulo.

SOBRE O AUTOR

Ruy Moreira é professor de geografia, campo de saber em que é graduado e pós-graduado. Nasceu no Rio de Janeiro, onde vive e trabalha. Faz parte de um numeroso grupo de acadêmicos que veem a ciência e a universidade como instituições cujo compromisso é com o homem e a construção de uma sociedade na qual ele e seu ideário de relação humana com os outros homens sejam o próprio propósito de existir.